大阪都構想
&万博の
表とウラ
全部話そう

◎はじめに

2020年1月、いよいよ東京オリンピック開催だという年明けに、中国・湖北省武漢市を発生源とした、やや不穏なニュースが広がった。原因不明のウィルス感染による肺炎の発症だ。

数日も経たないうちにに感染者は爆発的に増加し、病院は患者であふれ、死者の数が積み上がっていった。そこで中国政府は、なんとか感染を食い止めるため、武漢市を都市封鎖した。そのただごとではない光景は、世界中にニュースとして伝わった。あの数日間を記憶している人も多いだろう。

これが今、世界中で大騒動を巻き起こしている「新型コロナウイルス感染および感染症」のはじまりだった。

その後、新型コロナウイルスは世界中で猛威を振るい、多くの人々の命を奪うだけでなく、社会経済活動の自由をも奪い続けている。世界中の国々が経済的な大打撃を受け、いまだに先行きは見えない状況だ。

ご存知の通り、日本においても状況は同じだ。新型コロナウイルス感染の対応に、政治行政と民間が一体となって全力を尽くしているが、まだ先行きは不透明だ。

6月下旬の段階でいったん感染の波は落ち着いたかのように思われたが、8月現在、日本各地で感染者が増加。第二波、さらには第三波が到来することは明らかだ。日本はそれに備える必要がある。

このような状況で、全国的にも群を抜いて光る対応を続けているのが大阪だ。国民からの評価も高い。その陣頭指揮を執っているのが、吉村洋文大阪府知事だ。

吉村さんは、一貫して先手先手の対策を講じている。

患者の症状に応じて医療施設を振り分ける「フォローアップセンター」の設置からはじまり、各保健所に集まる情報を大阪府に集め、リアルタイムの情報に基づいて病床数を増やしていった。また、医療従事者への支援も徹底している。府に「大阪府新型コロナウイルス助け合い基金」を設置して寄付金を募り、クオカードなどによって迅速に医療従事者に支援金を支給した。

経済的なダメージへの対応もきちんと考えられている。感染症対策としての外出自粛など、社会経済活動の抑制には経済的ダメージという副作用が伴うことを重視して、一定の基準によって社会経済活動を再開させるべきだと主張したのだ。

この基準の設定について吉村さんは、国の新型コロナウイルス感染症対策担当大臣である西村康稔さんとやり合っている。しかし、最終的には国に先駆けて、「大阪モデル」という基準を作ることに成功した。この基準は全国の自治体をリードするものとなり、多くの都道府県において各自の基準が設けられることになった。

さらに吉村さんは、日々の業務の合間を縫ってメディアに出演し、府民、国民にメッセージを発信することも続けている。今、新型コロナウイルス感染および感染症はどのような状況で、何が課題なのか。課題解決のために政治行政は何をし、最終的にどこを目指すのか。いわゆる「リスクコミュニケーション」である。

迅速に対策を講じ、リーダーシップを発揮する吉村さんの姿が国民の心に響いたのだろう。今、吉村さんは全国の知事の中で断トツの評価を得て、次の首相候補にという声もあるほどだ。

この一連の取り組みは、吉村さん個人の能力の高さによるところが大きい。一方で、大阪府と大阪市の関係が強く寄与している部分もある。

2009年、世界中で新型インフルエンザが流行したとき、僕は大阪府知事だった。そのときの大阪市長は、MBS毎日放送の元アナウンサーである平松邦夫氏。

大阪府と大阪市は、権限も財源も同等に並び立つ。それで当時は、大阪府庁も大阪市役所も「我こそが大阪を引っ張る行政組織である」と自負していた。もちろん、知事や市長もお互いに「我こそが大阪のリーダーだ」と思っている。

こう言うと、自責の気概があっていい気がするけど、そうじゃない。大阪府と大阪市がバラバラだから、感染症対策の方針もバラバラで、本当に大変だった。

大阪には、「府立」と「市立」の公衆衛生研究所がある。公立基幹病院も、府立と市立。医療行政も、大阪市内と大阪市域外（府）に分かれている。こんな状態で、大阪全体での感染症対策などできるわけがない。

たとえば、僕が学校の一斉休校に踏み切ろうとしたときは、平松市長、大阪市役所に反対された。また、大阪府知事・府庁は大阪市内のことに関知せず、大阪市長・大阪市役所は大阪市域外（府）のことにまったく配慮しない。何かあれば、知事と市長がバラバラに記者会見を行う。

このように一事が万事、何をするにも府と市の「調整」が必要になり、大阪府全体での緊急対応ができなかったのだ。

ところが今、大阪府と大阪市の関係性は当時とまるで違う。吉村大阪府知事が「ワン大阪」の感染症対策の司令塔として、陣頭指揮を執っている。大阪市域内を含めて、大阪府内全体の公立や民間の基幹病院の役割分担を調整する。大阪府内全体の感染症対策を計画し、実行する。大阪市立十三市民病院をコロナ専門病院に衣替えする。大阪府内全体において、医療従事者・休業した事業者への支援金の給付を立案・実行する。

これはコロナ禍以前からのことだが、府立と市立の公衆衛生研究所は統合され、大阪府内全体での検査体制を充実させている。

国との折衝も大阪府知事が行う。そして、全国的に話題になった、休業要請・解除基準の設定も大阪府知事・大阪府庁が行う。その他にも、大阪府全体で感染症対策をガンガン実行し、全国から注目されている状態だ。

先ほども述べた通り、これは吉村さんの能力によるところが大きいが、大阪府と大阪市の関係が大きく変わったことによる影響も無視できない。

今、大阪府と大阪市は一体となって大阪全体の行政運営を行い、まさにバーチャルな「大阪都構想」状態となっている。これが、迅速な感染症対策を行うことができた大きな要因でもある。

大阪府と大阪市は、まだ一つの「大阪都」にはなっていないが、これまでの10年にわたる大阪都構想運動によって、府と市は一つの組織のようになりつつある。

たとえば、お互いの人事交流は名目的なものではなく、まるで一つの組織内での人事異動のようだ。元大阪市副市長が大阪府副知事に就任する。元大阪府知事秘書室長が大阪市長秘書室長に就任する。その他、幹部や実働部隊が相互の組織で人事交流をする。街づくりに実力のある大阪市の技術部隊が、大阪府全体の街づくりにも関与している。

なんと言っても大きいのは、松井一郎大阪市長が吉村大阪府知事の指揮命令に服しているということだ。これが、大阪府と大阪市が一体となって大阪全体の行政運営を行い、新型コロナウイルス感染症対策においても一体となれている最大の要因だ。

全国の大きな自治体を見てほしい。知事の言うことを素直に聞く大都市市長は皆無だ。たいてい、両者は対立している。

愛知県知事と名古屋市長。神奈川県知事と横浜市長。静岡県知事と静岡市長。福岡県知事と福岡市長。

両者の権限と財源、すなわち力が均衡すればするほど、お互いのメンツがぶつかり合って対立してしまうのだ。

ところが大阪は、知事の下に市長が服するという、全国的にはあり得ないかたちをとった。これはもちろん、吉村さんと松井さんが同じ大阪維新の会のメンバーだから「そうなりやすかった」ということもある。でも、ただ同じ政党に属しているだけでは、こんな離れ業はできない。同じ政党出身の都府県知事と大都市市長が対立した例はいくらでもある。

たとえば、歴代の大阪府知事や大阪市長は、自民党、公明党、民主党などの政党が応援することで当選を果たしてきた。同じ自民党、公明党、民主党が応援しているのであれば、知事と市長で対立することはないだろうと思うかもしれないが、現実は激しく対立してきた。そのせいでいかに「ワン大阪」での行政運営が阻害されてきたかは、先に述べた通りだ。

なぜそうなってしまうのか。それは、大阪市内の自民党、公明党、民主党と大阪市域外（府）の自民党、公明党、民主党がまったく異なる組織だからだ。どれほど違うかと言うと、「大阪市域内のことだけを考える組織」と、「大阪市域外のことだけを考える組織」と言えるくらいに違う。

そんな状態では、大阪市長が大阪府知事の指揮命令に服するということを大阪市側が認めるはずがない。「俺が私が、大阪の代表だ」というメンツが前面に出てしまうからだ。

だから、大阪維新の会はそこを変えた。大阪「府」維新の会と大阪「市」維新の会に分かれない、「ワン大阪」の政党となったのだ。だから、大阪市長が大阪府知事の指揮命令に服するということも可能になった。

もちろん、大阪維新の会という政党の中では、松井大阪市長が代表で、吉村大阪府知事は代表代行だが、それは「政治家」としてのポジションにおいてのことだ。行政の長である「知事と市長」の関係では、あくまでも吉村さんの指揮命令に松井さんが服する。

これを決めたによって、大阪全体の行政が一つにまとまった。だから、大阪市内の情報も大阪府庁に上がってくる。東京都が新型コロナ感染症対策でまごついたのは、東京都内の情報が都庁に上がってこなかったからだ。

一方、大阪は「市立」十三市民病院を大阪府全体のコロナ専門病院に衣替えした。もちろん、大阪市域外（府）の患者も対象になる。かつて「市民病院は大阪市民のための病院である」という意識が強烈にあったのだが、今はそうではない。

このように府と市が一体となる行政運営によって、大阪は全国一の新型コロナウイルス感染症対策を実行し続けている。

だから、今の大阪のままでいいじゃないかと感じる市民も多いかもしれない。しかし、これはあくまで大阪維新の会に所属している吉村さんと松井さんの政治的な人間関係の中で実行できているにすぎない。知事が吉村さんでなくなり、市長が松井さんでなくなれば、すぐにかつての対立していた府と市の関係に戻ってしまうだろう。

だからこそ、府庁と市役所を一つの組織である「大阪都庁」に作り直し、現在のように大阪全体の行政運営ができている状況を恒久的なものにするべきなのだ。

今の「ワン大阪」の行政運営は、一過性のものにすぎない。これを恒久的なものにするのが「大阪都構想」なのだ。

本書では、大阪都構想について詳しく解説するとともに、2025年に控える「大阪・関西万博」の誘致に至るまでの過程も分析・解説していく。

なぜ、今のような大阪ができあがったのか。これからも「ワン大阪」の行政運営を続けるためにはどうすればいいのか。その答えがここにある。

橋下徹

目次

大阪都構想＆万博の表とウラ全部話そう

本文は、メルマガ「橋下徹の『問題解決の授業』」に
大幅な加筆・修正を行い、新たな書き起こしを加えて編集しています。

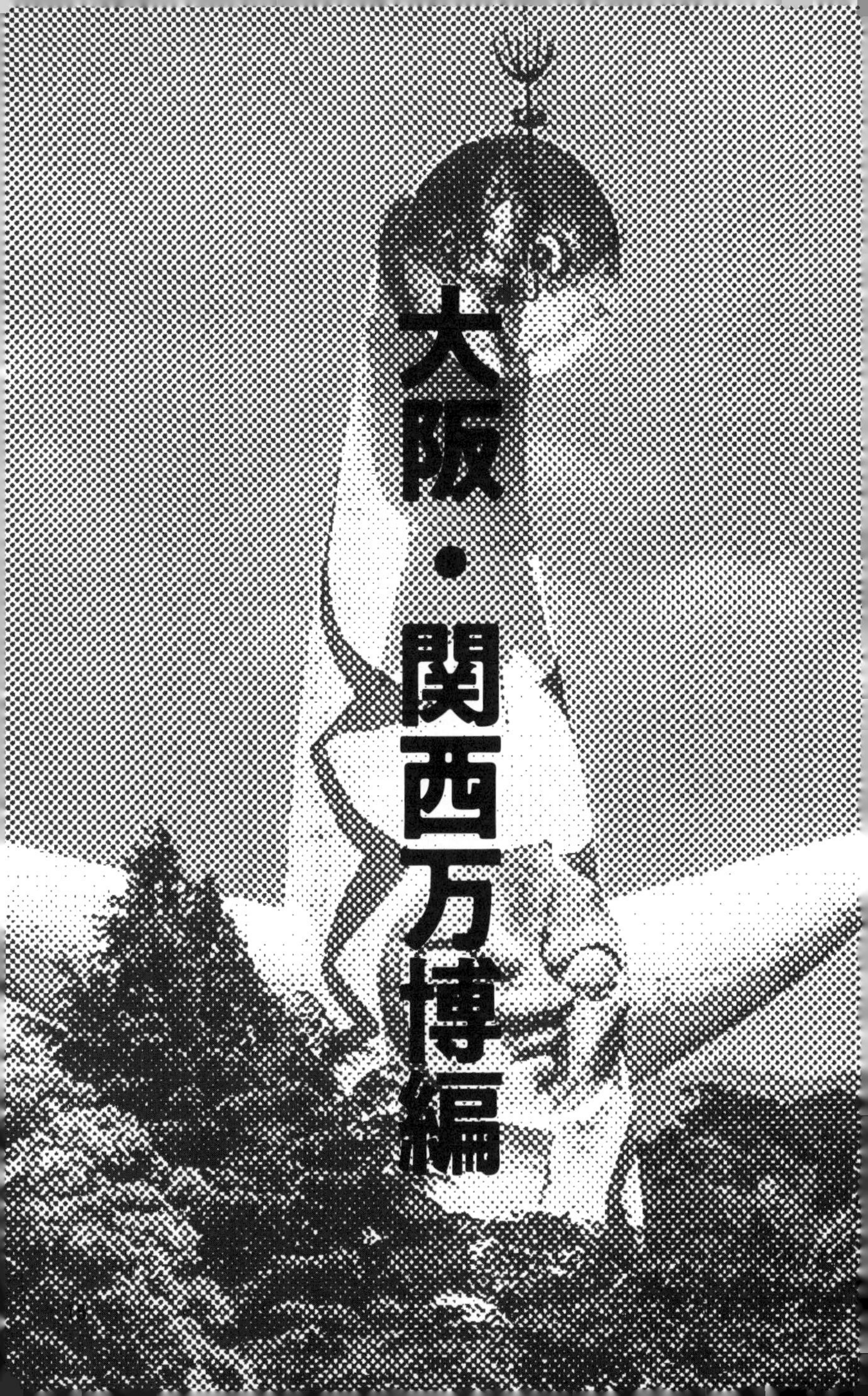
大阪・関西万博編

◎近年の大阪府知事・大阪市長

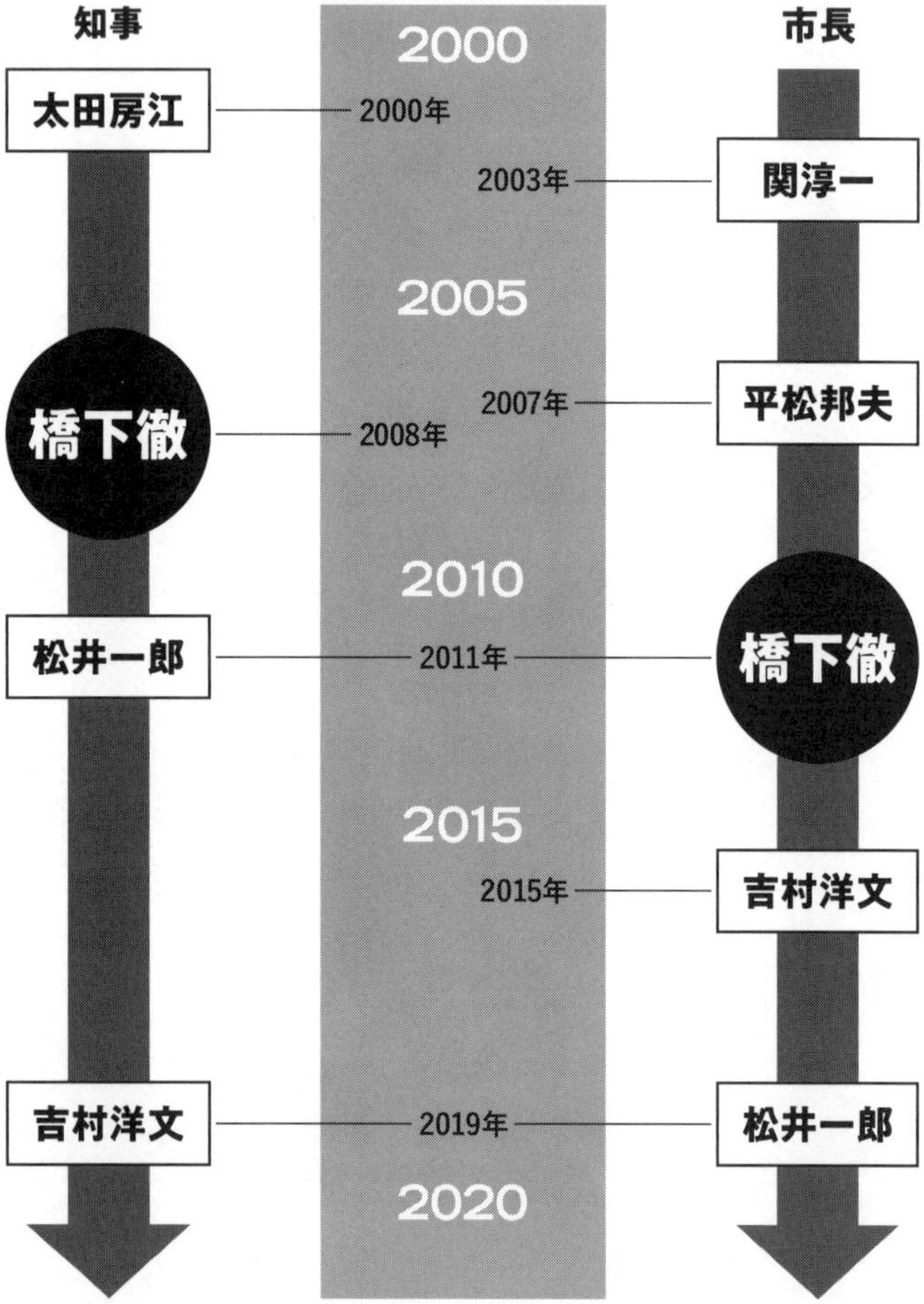

【質問1】大阪オリンピックはダメだったのに、なぜ大阪・関西万博の誘致は成功したんですか？

提供：経済産

【答え】
大阪都構想の思想で、
大阪府と大阪市が
一体になって日本全体を
巻き込むことができたから

◎完全にダメダメだった大阪が復活した理由

２０２５年の大阪・関西万博（以下、万博、もしくは大阪万博）の開催が決定した。前回の１９７０年の大阪万博以後、大阪の経済は完全に下向きで、大阪は日本における「第2の都市」と言われながら、東京との差は広がるばかり。この数十年間、大阪の再興が叫ばれ続けてきたが、それらしい雰囲気を出すことすらできなかった。

だけど、今、大阪が動きはじめている。**大阪を訪れる外国人観光客の増加率や、ホテル稼働率、百貨店の売り上げの伸び率、地価の上昇率は日本の中でもトップクラスに入っている。**良くも悪くもホテルはまったく足りず、建設ラッシュに沸いているほどだ。大阪の繁華街は常に人で溢れかえり、賑やかしい。都市の利便性を高める鉄道インフラ計画、高速道路インフラ計画、そして都市中心部の大規模再開発も、ものすごい勢いで進んでいる。大阪の経済成長率は伸びはじめ、税収も増えている。

そこにきての、2025年大阪万博の決定だ。**万博会場には、カジノを含む統合型リゾート（IR）を誘致する計画も同時並行で進んでいる。**

ちなみに、この万博会場兼IR誘致予定地は、以前6000億円とも言われる税金を突っ込んで大失敗し、そのまま放置されていた埋め立て地だ。「夢洲《ゆめしま》」という名前が付けられているけど、ブラックジョークならセンスがいいよね（笑）。

この夢洲とその周辺の埋め立て地も含めて、大阪市は未来都市構想を描いたんだけど、見事に失敗。その後、2008年開催のオリンピックの招致にも失敗。大阪湾岸部は完全なる負の遺産と化していた。でも、今回の万博決定によって、それが宝の土地に蘇るチャンスを得たんだ。

大阪メトロは、万博開催前年の2024年を目標に、現在は「コスモスクエア駅」が終点の中央線を、海底トンネル「夢咲トンネル」を経由して夢洲まで延伸する計画を発表した。延伸した場合の軸になるのが「夢洲駅タワービル（仮称）」だ。高さ275メートル規模になるというこのビルは、地上55階建ての中に飲食店などの店舗やホテル、オフィス、展望台などが入る大型施設になる予定だ。

僕が大阪府知事に出馬した2008年の大阪は、完全にダメダメモードだった。 府民も負け癖がついているというか、「大阪は何をやってもダメだろう」という雰囲気だった。それが徐々に上向き加減になってきたところで、「万博」という明確な目標ができたんだ。これからの大阪は、2025年に向けて完全にトップギアに入る。うちの子どもたちですら「ワクワクする」と言っている。

都市を活性化させるには、このようなワクワク感が一番大事なんだ。自称インテリたちがする小難しい話ではなく、そこに住んでいる人たちの前向きな「気持ち」が街の活性化の原動力になっていく。

今回の万博決定にあたっては、何よりも安倍政権の力が大きかった。松井一郎前大阪府知事(現大阪市長)と菅義偉官房長官の強力な人間関係によってこの話が動き出し、安倍晋三首相の大号令によって日本政府が一致団結して動いてくれた。世耕弘成大臣率いる万博所管省庁の経済産業省のみならず、外務省や世界各国の在外公館、そしてその他関係する省庁も怒濤のごとく動いてくれた。政府から経済界への協力要請もきっちりと行われ、経団連(日本経済団体連合会)や関経連(関西経済連合会)をはじめとする経済団体も一丸となった。やっぱり、日本全体が一つになって動くと、物凄い力を発揮するんだよね。

ただ、これもリーダーシップが重要で、安倍政権は強すぎるとか色々批判を受けるけど、政権が強いからこそ、こういう「物凄い力」を発揮できるんだ。**僕が知事のとき、当時の「リーダーシップを発揮できない政権」の、ある官房長官に大阪の要望を伝えに行ったことがあったけど、まったく何も動かなかったよ。**今は、安倍さんや菅さんが「やる」と決めれば、日本政府全体がすぐに動く。僕は、それが本来の政治の姿だと思う。

あとは野党がしっかり強くなって、政権の暴走をチェックしたり、いざというときの政権交代の受け皿になったりすればいいだけだ。自称インテリたちは、政権が強いこと自体を批判し、さも弱い政権のほうがいいかのような発言を繰り返すけど、それは自称インテリたちが「政治」の効用を知らないからだ。

弱い政治・弱い政権なんて、まったく使い物にならないよ。弱い政治や政権だと官僚組織は動かないし、当然日本も動かない。だから政権は強くなければならないんだけど、その一方で、政権の暴走を防ぐことも必要で、そのためには強い野党が必要だ。**日本は弱い政権と弱い野党の国ではなく、強い政権と強い野党の国を目指すべきだ。**

ということで、今回の大阪万博決定が安倍政権の功績であるのは間違いないけど、それと並んで、次に述べるように松井さんと吉村洋文大阪市長（現大阪府知事）の功績、そして府市の職員の頑張りにあったことも間違いないだろう。

◎なぜ「大阪オリンピック」は惨敗したか

これくらいの話だと、その辺の学者や三流コメンテーターが言っていることと何ら変わりないから、知事・市長経験のある僕があえて言うとすれば、**今回の大阪万博決定の最大の成功要因は、やはり「大阪都構想」の思想だった**ということだ。実際、大阪都構想は2015年5月17日の住民投票で否決されたんだけど、万博誘致の成功を見るにつけ、大阪を活性化するには、やっぱり大阪都構想の実現が必要だと感じる。

万博という超ビッグプロジェクトを動かすには、その静止している巨大な歯車を動かす「最初のひと押し」が大変で、それがとても重要なんだ。一旦歯車が動き出せば、あとは勢いに乗っかればいい。事実、日本政府や与党自民党、そして経済界が一丸となったのは、歯車が動き出して勢いが付きはじめてからだった。

ところが、**これまでの大阪府庁と大阪市役所の関係では、万博誘致の方針など絶対に固めることはできず、歯車を動かすような強烈な力を発することもできなかった。**

先ほども言ったように、万博誘致そしてＩＲ誘致の会場は、夢洲という大阪湾岸部の巨大埋め立て地。土砂を入れるお金もなく、埋め立てが途中で放ったらかしになり、今でも水が溜まっている状態だ。夢洲は関空の航路下にあるから、**関空を利用する外国人は飛行機の窓から眼下に広がるこの埋め立て地を見て、大阪をスラム街か何かだと思っているかもしれない。**ここは長年、活用方法に悩む、大阪の負の遺産だった。この埋め立て地の周辺にもまた別の埋め立て地があるけど、どれも当初の夢のような計画通りには進まず、冴えない湾岸部になっている。今の東京のお台場とは大違いだ。

この大阪の埋め立て地は、大阪市港湾局が管理している。つまり、大阪市長、大阪市役所に権限がある土地だということだ。歴代の大阪市長や大阪市役所は、この埋め立て地の使い道をあれこれ考えてきたけど、あの**390ヘクタールを超す巨大な埋め立て地を有効活用する起死回生のアイデアは、大阪市役所の役人が考えて出てくるものじゃない。**

というのも、「役人」の仕事は、現状の法制度を前提として「できること」を考えることだ。彼らは、これまでの方針を大胆に変え、日本政府を動かし、さらには新たな法律を作るなどして、とんでもないビッグプロジェクトを実行していくような役割ではない。それは「政治」の役割だ。役人の力は、決められた政治方針の中で、具体案を精緻に作っていくことに発揮される。

かといって、大阪市長や大阪市議会議員の政治力では、日本政府も関西の経済界も、ましてや大阪府民880万人全体が動くこともないから、万博という超ビッグプロジェクトを進めることはできない。ここが大阪市長、大阪市議会議員、大阪市役所が勘違いしているところで、大阪衰退の最大の原因でもあるんだよね。

たしかに、大阪市役所が役所として持っている権限や扱える予算規模は、日本の自治体の中では東京都庁に次ぐ2番目の大きさだ。だからこれまで、**大阪市長、大阪市職員、大阪市議会議員は、大阪市役所には「力」があると錯覚してきた。**しかし、大阪市役所が持っている力とはしょせん「法制度によって与えられた力」、すなわち「行政の力」に過ぎない。他方、大阪全体、日本全体を動かす力とは「政治の力」であって、この力は、大阪市長、大阪市議会議員、大阪市役所にはないんだよね。

ところが、大阪市役所はなまじっか行政の力を持っているから、自分たちで何でもできると勘違いして、これまで大阪府庁と力を合わせる必要性を感じてこなかった。

かつて、2008年のオリンピックを大阪へ招致するために、大阪市役所が全エネルギーを注ぎ込んだことがある。ところが、このオリンピックは「大阪市」主催だったから、大阪府庁や大阪府内の市町村は知らん顔だった。大阪市長、大阪市役所、大阪市議会議員、大阪市内の関係団体は必死になって招致活動をしていたけど、日本政府や日本の経済界はおろか、大阪市の近隣の市町村、さらには関西の自治体も「われ関せず」という状態。

その結果、**大阪市は世界のIOC委員102票のうち、たった6票しか獲得できな**

かった。自分の1票を除けば、世界からは5カ国にしか支持してもらえなかったということだ。まさに大惨敗。これが270万人の市民しか擁しない大阪市単体の、リアルな「政治の力」なんだよね。ちなみに、このとき開催が決定したのは北京だった。

他方、いよいよ開催される東京オリンピック。こちらは、1380万人の「東京都」での勝負だった。やっぱり、1380万人が一致団結したときの「力」は凄まじいよ。東京の経済界のみならず、日本政府も日本の経済界もオリンピック招致に向けて必死で動いていた。やっぱり、こういう**巨大なプロジェクトをやるときには、都市の力、役所の力、首長の力、地方議員の力を合わせた総合的な「政治の力」がものを言う**んだよ。これが現実。

こう言うと、「府市バラバラでも1970年には大阪で万博が誘致できたじゃないか」と思う人がいるかもしれないけど、それは話が違う。1970年に万博が開かれた吹田市は大阪市外だから、「大阪市」の協力がなくても、「大阪府」単独で土地提供できたし、財源もつぎ込めた。だから開催できたんだ。

じゃあ、大阪での巨大プロジェクトを進めるのに、880万人を擁する大阪府、大阪府知事が旗を振ればなんとかなるのか。残念ながら、これが「なんとかならなかった」のが、これまでの大阪だった。

たしかに大阪府知事・大阪府庁が旗を振ると、大阪府内の43市町村が協力体制を築く。関西の自治体、関西の経済界、そして日本政府も、大阪市長・大阪市役所が旗を振るよりも動いてくれる可能性は高くなる。実際に、松井さんは知事時代、大阪府内の市町村はもちろん、関西の自治体や関西の経済界、そして日本政府を動かしてきた。日本政府のところは、松井さんと菅さんの人間関係によったところも大きいんだけどね。

このように大阪府知事・大阪府庁に、大阪市長・大阪市役所以上の「政治の力」が備わっていたとしても、巨大プロジェクトを行う場所は経済ホット地域である大阪市内ということが多い。ところが、大阪府知事・大阪府庁は大阪市内には権限を持っておらず、口を出すことができないから、万博会場やIR誘致予定地である大阪市内の巨大埋め立て地について、大阪府知事や大阪府庁はこれまで一切関与することができなかった。つまり、**大阪府知事・大阪府庁には「政治の力」はあっても、「行政の力」がなかったんだ。**

これがこれまでの大阪府、大阪市問題の根本原因であり、一事が万事、何か事を起こそうとするたび、このような状況に陥っていた。大阪全体、いや日本政府を動かさないと進まないような巨大プロジェクトについて、880万人大阪府の「政治の力」が必要なのに、そのプロジェクトを実行する「行政の権限」が大阪市にあるという状態で、結局、何も進まない状況だったんだ。

他方、東京は経済ホット地域である23区とベッドタウンである多摩地域が一体となり、1380万人東京都を形成している。東京都は「1380万人大東京」の「政治の力」と、23区の経済ホット地域に関する「行政の力」を同時に持ち、政治の力を経済ホット地域にガンガン投入してどんどん発展している。

もし**大阪が、大阪府、大阪市という区分けがなく、東京都のように経済ホット地域とベッドタウンが一体化した強力な自治体であれば、とてつもない力を発揮するだろうというのが、大阪都構想の根本思想だ。**

そもそも東京だって1943年までは、今の多摩地域を所管する東京府と、23区を所管する東京市に分かれていた。それを1943年当時の東条英機首相が、「エイヤー」

と閣議決定を行い、府市を一本化してできたのが東京都だ。東京に遅れること約75年、大阪も府市を一本化して、大阪全体において「政治の力」と「行政の力」を統合しようというのが大阪都構想なんだ。

もちろん、社会制度に100%完璧なものはない。大阪都構想の問題点を挙げれば色々出てくるだろう。でも、社会制度って、現状と新しい制度を比較して、「よりましなもの」を選択するものなんだよ。

今の大阪府・市の体制と府市を一本化した大阪都の体制と、どちらのほうが「よりまし」か。

松井前知事・大阪府庁と吉村前市長・大阪市役所が一体となって誘致活動を行い、見事結果を出したこの大阪万博の事例を見ると、大阪において万博やオリンピック級の巨大ビッグプロジェクト（交通インフラ整備や巨大な開発を含む）を推進していくためには、府市を一本化した「大阪都」の体制のほうがベターだということがはっきりしたと思う。

◎「府と市」同規模の巨大組織が引き起こす、これだけの障害

大阪都構想に反対する学者やコメンテーターなどのインテリはたくさんいる。その連中は、「今回、大阪府と大阪市の今の体制の中で、きちんと万博決定までいったんだから、今のままでいいじゃないか」「わざわざ費用をかけてまで大阪都にする必要はないじゃないか」と言う。この手の学者は、大阪府と大阪市できちんと話し合えばいいと、繰り返し主張するんだ。

だけど、大阪府庁という組織と大阪市役所という組織が話し合えば十分だと主張する学者に限って、巨大な組織というものを動かしたことがない連中ばかりなんだよね。コメンテーター連中もそう。普段は個人でしか仕事をしていない連中ばかりなんだ。**組織論を語るんだったら、学長か、せめて学部長くらいになって、独立している巨大組織同士が話し合いで解決することの難しさを経験してから偉そうに言えっ**ていうんだよ。

僕が大阪府知事のとき、大阪市の負の遺産になっている埋め立て地にカジノを呼び込もうとしたら、当時の大阪市長の平松邦夫さんは猛反対。この**平松さん、自分はギャンブル好きだと公言していたのに、大阪市にカジノを作るのは反対だと主張する、正直言ってよくわからん市長だった。**

そして今回の大阪万博の決定についても、平松さんはツイッターで後ろ向きな発言をしていて、万博に文句を言っているインテリたちのツイートをリツイート。挙げ句の果てには、万博会場が大阪湾の埋め立て地であることをあてこすって「南海トラフ地震がこないことを祈っています」という嫌味まで言う始末。大阪が起死回生するかもしれない、このビッグチャンスを素直に喜べないものかね。

平松さんが大阪市長のままだったら、万博の話なんてまったく進まなかったね。しかも平松さんは当時、この埋め立て地について、役人が決めた「物流拠点」という既定路線を歩むのみで、負の遺産を宝の土地に変える新たな起死回生策を何ひとつ出さなかった。

このような平松さんの態度振る舞いは、平松さんのキャラクターによるところもあるだろうけど、決してそれだけじゃない。大阪府庁と大阪市役所という組織的な関係もかなり影響している。僕は、大阪府知事から大阪市長に転じたから、このことを身をもって痛感させられたけど、**大阪市役所の組織風土として、「大阪府知事・大阪府庁に大阪市内のことについて一々口出しされたくない」という強烈な感情がある。**大阪市役所という組織は、「大阪という都市は大阪市役所が引っ張ってきた。大阪府庁は田舎の郡部の所管。大阪市役所は大阪府庁の力を借りなくても何でもできる。大阪市役所は大阪府庁よりも優秀な組織である」という強烈なプライドを持っているんだ。「大阪府庁と大阪市役所がしっかりと話し合えば課題はすべて解決するのだから、大阪府庁と大阪市役所という組織をわざわざ一本化してまとめる必要はない」とほざく学者たちは、この大阪市役所の組織風土の現実を知らない。抽象論を頭の中でこねくり回す連中は、現実を直視できないんだよね。

実際、**大阪府庁と大阪市役所という2つの巨大組織が話し合いをするのは、ほんと大変なんだよ。**府庁は行政職員が1万人。大阪市役所も現業職員を除いて行政職員だけを見ればほぼ同規模。両組織の予算も兆単位で同規模。日本の中の第2の都市を引っ張る官庁だというプライドはお互いに強烈に強い。よく言えば、両者に「大阪は自分たちこそが引っ張る」という気概があるんだよね。その気概やよし。ただ、大阪全体の巨大プロジェクトを推進するためには、巨大な組織が2つあるこの状況が、さまざまな障害を引き起こす。

両組織において、万博やカジノに対して感覚的な賛否の違いはもちろんあるだろう。しかも、大阪市役所はこの埋め立て地について、物流拠点にしていこうという方針を一応は持っていた。埋め立て地をコンテナ集積場、倉庫街にするという方針は、役所としてはありがちだけど、完全におかしいものでもない。「物流拠点にする」という方針をもとに、大阪市役所は周辺の埋め立て地の活用策も一応は決めていた。

役所が一度方針を決めると、それを変更するのはなかなか難しい。**学者やコメンテーターが思いつきで言うアイデアと違って、役所の方針は関係各所との膨大な調整を踏まえたものだから、その変更も面倒なんだよね。**さらに、その方針を決めてきた上司やOBたちの顔もちらつくものだから、現場の担当職員レベルでは、なかなか一度決まった方針を変えることができない。だから、大阪市役所として物流拠点にすると一度決めた埋め立て地に、大阪府庁が万博やカジノを誘致すると言い出しても、大阪市役所が「ハイ、そうですか」と簡単に応じるわけがないんだ。

加えて、方針・計画を実行する際の費用負担の問題。「埋め立て地は、倉庫業者などに売却してお金に換えて、少しでも埋め立て事業費の足しにする」というのが大阪市役所の考えだったんだけど、その方針を一旦白紙に戻し、さらに万博・IR誘致という巨大プロジェクトを進めるための費用をどう捻出するのか。**大阪府庁、大阪市役所が揉める最大の焦点がいつもこの「カネ」の問題だ。**大阪では、何事においてもカネの話で大阪府庁と大阪市役所が対立し、結局、大阪を成長・発展させるための鉄道インフラや高速道路インフラの整備、大規模開発などの巨大プロジェクトが進まなかったという歴史がある。

その他にも、ほんとあらゆる細かな事項で、大阪府庁と大阪市役所は揉めるんだよね。それに、府庁にも市役所にも「最後は決裂してもいい」というある種の開き直りの意識があるから、必死になって是が非でもまとめようとはしない。だから、現場の担当者レベルでの協議はもちろんのこと、課長などの中間管理職の協議でも決着せず、部局長の幹部協議や、副知事・副市長協議でも決着しないということが山のようにあるんだ。

そういえば、2019年4月の大阪府知事、大阪市長のダブル・クロス選挙において、吉村洋文知事候補と対決したのが小西禎一知事候補。小西さんは、大阪府庁の副知事まで上り詰めた「スーパー官僚」だ。僕の改革を支えてくれたのも小西さんだった。これだけ実務能力のある小西さんですら、大阪市役所との協議をまとめられなかったことがたくさんある。これが大阪府庁と大阪市役所の実態だ。

それに、府庁と市役所の協議がまとまらなくても、公務員である職員の給与にはまったく影響しないから、「絶対にまとめるぞ」という気概がどうしても弱くなる。民間なら、プロジェクトをまとめないと業績に影響して、自分たちの給与にも関わってくるから、必死にまとめようとするけどね。

もちろん、府庁と市役所の協議でまとまることもあるけど、それは大阪全体を揺るがすようなビッグプロジェクトの話ではなく、ちまちました話の場合だけ。**数百億円、数千億円というお金の負担が出てくるような話のときには、府庁と市役所の協議はま**

ずまとまらない。お互いに意地になったときには、数千万円の話でもまとまらないんだ。

吉村前市長がツイッターでつぶやいていたけど、以前、松井前知事とタッグを組んでこの埋め立て地に万博やIRの誘致をしようとしたら、大阪市役所職員やOBから「**大阪市の土地に大阪府の旗を立てるのか！**」と言われたんだって。

これが大阪府庁と大阪市役所の現実だ。この現実を踏まえて、大阪全体の成長・発展のためには何をするべきなのかを考えなければならない。

◎「松井知事・橋下市長」になってようやく進んだ府・市一体の巨大プロジェクト

僕は大阪府知事になり、それから大阪市長になった。そして、大阪府知事の後任は松井さんになった。その頃は、僕と松井さんでほんと毎日、毎日、焼鳥屋とかおでん屋で協議していた。直接会わなくても、ずっと電話協議。**妻と話すよりも松井さんと**

話す時間のほうが長かったくらいだ。

何でこんな話をするかというと、それまでの大阪では「大阪府知事と大阪市長が直接会う」ことが超ビッグイベントだったんだ。府庁や市役所の政策企画部（室）というエリート部署は、知事・市長会談を入念に準備し、円滑に終えることを最大の使命にしていたと言ってもいい。知事、市長が会うまでに数カ月の準備期間を費やし、会談当日の緻密な進行、そして会談における「何とか宣言」の発表。今見れば、大した成果とも言えない知事・市長会談に莫大な労力を割いていた。

ところが、僕と松井さんになってからは、知事と市長が直接連絡するのはもちろん、いろんな場所で一緒になる。常に一緒と言ってもいい。知事が市長室に出向いて協議をして、逆に市長が知事室に出向いて協議をする。そんなことも普通になった。

それまでは市長が大阪府庁に来る、知事が大阪市役所に来るとなれば、とんだ大騒ぎだったのにね。

府庁・市役所間で揉めに揉め倒していることは、最後は僕と松井さんですべて調整してまとめた。ほんと、中間管理職のような仕事をやっていたよ。

インテリたちは「話し合いで解決しろ！」と言うけど、お前らのおしゃべりみたいなことでは解決できないんだよ！　僕と松井さんで協議するにしても、膨大な調整事項があるし、それには超専門的な行政知識が必要になってくるから、担当部局に確認しながら調整することになる。これがほんと大変なんだ。そして、調整課題、調整事項は毎日毎日、無限大に湧き出てくる。

でも、こんな仕事は本来、知事や市長のようなトップが直接する仕事じゃない。組織が一体になっていれば、意思決定ラインは一本だから、最後は組織内で調整できるんだ。組織が2つに分かれていて、意思決定ラインが2本になっていたから、組織内で調整できずに、仕方なくトップ同士の調整をしていただけのこと。

「府庁、市役所で話し合いをすれば十分！」「府庁、市役所を一本化する都構想など不要！」と言っている連中に、一度、この調整を体験させてやりたいよ。**日本の政治行政に関するインテリたちの評論がクソの役にも立たないのは、現実無視の評論だからだ。**だから、僕は人材流動、人材登用の「回転ドア方式」が絶対に必要だと思う。

政治行政の実務を経験して評論の世界へ、逆に評論の世界から政治行政の実務の世界へという人材の行き来がなければ、的確な政治行政の評論ができる人材は育たない。

話を元に戻そう。僕の後任で大阪市長に就任した吉村洋文さんと松井さんとの関係も同じだ。膨大な課題と調整事項について連日連夜協議していたよ。そして、松井さんと吉村さんの人間関係によって、万博誘致方針、ＩＲ誘致方針はまとめられていったんだ。

この人間関係も、同一組織に属していることを前提に、上下の関係があることが超大きなポイントなんだ。まったく横並びの対等の関係では、結局話がまとまらないことがある。特に、政治家というプライドの高い人種ではそうなりがちだよね。

その**政治家の中でも、大阪府知事、大阪市長なんてプライドの塊《かたまり》だ。**同じ組織に属していなければ、知事と市長の人間関係は、僕と平松さんのように簡単に破綻してしまう。愛知県の大村知事と名古屋市の河村市長の関係を見てよ。一時は仲が良さそうだったけど、今では犬猿の仲だ。仮に同じ「大阪維新の会」という組織に属するメンバーだったとしても、大阪府知事と大阪市長が対等・同僚のような関係だったら、やっぱり話の多くはまとまらないだろうね。

だから僕は、大阪維新の会では上下の関係をきっちりと作った。僕が大阪維新の会の代表だったときには、僕が代表、松井さんが幹事長。最後の決定権は僕にあるという明確な組織にした。今は松井さんが代表、吉村さんが代表代行で、最後の決定権は松井さんにある。この**組織的上下関係こそが、決定できる組織になるための必要不可欠な要素なんだ。**決定できない組織というのは、だいたい決定権の所在があやふやで、「メンバー皆平等」なんていう青臭い平等主義を叫んでいることが多い。

知事・市長間の上下関係をきっちりと作ったから、大阪維新の会では最後は必ず話がまとまった。その間、徹底的な協議・調整はするんだけど、最後どうしようもなくなれば代表決定で決める。よくよく考えたらこれはすごいことなんだよ。だって普通、大都市の知事と大都市の市長は完全な対等関係なんだ。そこに上下の関係を作るんだよ。こんなことをやっているのは全国でも大阪だけだ。

◎都構想は政策やビジョンそのものではない。実現のための「装置改革」だ

万博誘致案、IR誘致案などの超ビッグプロジェクトは、これまでの大阪府庁と大阪市役所の対立関係だったら絶対にまとまらなかった。大阪でまとまらなければ、安倍政権が動くこともなかった。逆に言えば、大阪府庁と大阪市役所が一体となって動けば、日本政府も動き、このような超ビッグプロジェクトも進めることができるということが証明された。

でも、僕と松井さんの関係、松井さんと吉村さんの関係は、しょせん大阪維新の会という政治グループの中での人間関係や上下関係に拠るものだ。知事・市長の人間関係で大阪府庁と大阪市役所が一体性を保つのは、すごく不安定なことなんだ。

たしかに、松井さんと吉村さんの人間関係においては、完璧な役割分担ができていた。松井さんが政治担当、吉村さんが実務担当。松井さんが官邸に働きかけながら、吉村さんは（当時）大阪市役所の方針を変更し、新たな方針を作り上げていく。経済界とは、松井さんと吉村さんの両輪で良好な関係を築き上げていく。

そういえば、世界各国の万博委員会委員の票を獲得するために世界を駆け回っていたときは、松井さんがわがままを言っていた。「俺はもう歳《とし》だから、若い吉村市長が世界を回るべきだ！」と。それで吉村さんは、アフリカ巡りを2回やったらしい。

松井知事（当時）は「カザフスタンでは吉村市長が大人気らしい」なんて、何を根拠にしているのかわからないこと言って、吉村市長にカザフスタン行きも強く勧めていた。それで、これまた乗り継ぎ20時間を超えるフライトで、吉村さんは馬乳酒《ばにゅうしゅ》なるものを飲んで帰ってきた。これが「馬舎《うまや》の香り」らしい（笑）。明らかに吉村さんのほうの負担が大きいなと思っていたら、今度は松井さんがインドに行っていた。このときは、吉村さんが「松井さんが行くべきだ！」と強く主張したらしい。

また、**吉村さんが先行してパリに入って「お尻を拭くネピアのトイレットペーパーがほしい」とツイッターでつぶやけば、後でパリに入る松井さんが、大阪からネピアのトイレットペーパーを持って行った。**このように松井さんと吉村さんの人間関係は、これまでの知事・市長の関係では考えられないような、一体的なものだったんだ。

もちろん、世耕さんや財界の人たちが世界を飛び回ってくれたことが万博誘致の大きな成功要因だったことはたしかだけど、そもそも地元大阪において万博誘致方針を固めて、それを進める力を発揮できなければ、元も子もない。そして大阪の力は、府と市が一体となり、政治の力と行政の力が統合されてはじめて強力になる。

だけど、選挙次第では、大阪府知事・大阪市長が大阪維新の会以外の人間になることも大いにあり得るし、仮に大阪維新の会所属の知事・市長になったとしても、松井さん・吉村さん以外のメンバーの場合に、はたしてきちんとした上下関係を構築できるかどうかはわからない。ほんと、今の府市の一体性って、偶然の産物なんだよね。

そこを**未来永劫、恒久的に、府と市を組織として一本化・一体化するのが大阪都構想**なんだ。府庁組織と市役所組織という2つの存在・2本の意思決定ラインを将来、二度と認めない。都庁に一本化する。大阪が一本化すれば、今回の万博誘致やIR誘致くらいのビッグプロジェクトをガンガン進めることができるだろう。

つまり、大阪都構想は政策やビジョンそのものじゃなく、政策やビジョンを「実行するため」の組織改革・装置改革なんだよね。

ところが、僕が大阪都構想を進めていたときには、メディアや学者などのインテリたちは「大阪都構想のビジョンが見えない！」と批判し続けていた。**立命館大学の上**

久保という教授が、「大阪都構想なんてしょぼい！　俺がもっとスケールのデカい案を教えてやる！」とほざいたこともあった。それでこの男の提案の中身を見たら、まあ、陳腐でちんけなこと。「大阪は、シンガポールや上海や香港のような金融都市を目指せ！」だってさ。

バカか。まず、**大阪のビジョンとしては、万博誘致やIR誘致、鉄道インフラ整備、高速道路整備、大規模開発、外国人観光客の誘致、医療などの先端産業の集積などなど、すでに大きな方向性を示している。**

その第一歩として掲げているのが、大阪が東京に並ぶ日本の2つ目のエンジンになる、「ツインエンジン構想」だ。これは、災害等で東京に何かがあったとき、大阪がバックアップ都市になることも含んでいる。

これまでの大阪の衰退は著しく、日本第2の都市とも言えない状況だった。だから、まずは東京に並ぼうとしているんだよ。そんなときに、いきなりシンガポールや上海を目指せだなんて、さすが学生相手に非現実的な夢物語を語ればいい大学教授だ。

しかも、金融都市だって。これほど陳腐化した目標はない。誰もが簡単に口にはするけど、日本の誰もが意図的に実行できた試しがない目標。東京都でも、ここ何代かの知事が東京の国際金融都市化を目標に掲げているし、日本政府もそれを日本の成長戦略のひとつとして打ち出している。しかしそれがなかなか実行できないのは、世界における日本の経済的な位置づけが低いことも原因だし、言語や人材の問題もある。加えて、東京都という日本最強の自治体でもなかなか実行できないのは、日本の法制度を抜本的に変えなければならない事情があるからでもある。

僕も知事時代には、府庁内で大阪の国際金融都市化構想を散々検討した。でも、「大阪を国際金融都市にするのは時期尚早。日本でそれをやるなら、一番環境が整っているのは東京だ。大阪は、世界初の堂島米先物取引の歴史を有する先物取引に強みがあるので、こちらに力を入れよう」という結論になった。そこで、いわゆる**デリバティブに力を入れようとなって、関係各所に働きかけ、大阪証券取引所もまずは先物でアジアナンバーワンを目指すことにしたんだ。**これが現実の政治行政だ。立命館大学の上久保も少しは勉強しろっていうんだよ。

これらの話を僕が知事時代にまとめたものが、「大阪の成長戦略」だ。大阪市長に転じてからは、松井知事と府市一体で「大阪の成長戦略」をまとめ直した。府市一体でこのような大阪のビジョンをまとめたのは、大阪の政治行政の歴史においては初めてのことで、僕はこのことが今の大阪の成長につながっていると確信している。この「大阪の成長戦略」は、松井・吉村体制になっても常にブラッシュアップされ、進捗管理が行われている。

しかし、これまでの大阪には、この大阪全体の成長戦略をしっかりと実行するための組織・装置が存在しなかった。それで、**すでにある大阪全体の成長戦略・ビジョンをしっかり実行するための組織・装置を作ろうとしたのが大阪都構想なんだ。**

このことを僕は100万回以上（笑）言ってきたけど、自称インテリたちはポカンと口を開けたまま。僕が「大阪のビジョンは、大阪府・市のホームページに成長戦略として掲げている」と言っても、それを見ようともしなかった。ほんと参ったよ。

立命館大学の上久保なる教授が、僕に提案してきた「シンガポールになれ！　上海になれ！　香港になれ！」というやたらスケールのデカい案だけど、なぜシンガポールや上海や香港がそうなれたのかを考えてから言ってほしいね。かわりに僕が答えよう。それは、そのような政策を大胆に実行できる「政治行政組織」「組織体制」があるからだ。シンガポールは開発独裁国家、上海も一党独裁の中国共産党国家の中の直轄都市。香港も、中国の主権の中で強烈なリーダーシップを執ることができる都市だ。もし、シンガポールや上海や香港が、その中に府庁と市役所のような2つの組織を抱えていたらどうなるか。とてもじゃないけど、今のような国際金融都市なんかにはなれないね。シンガポールもかつては大阪市役所みたいな組織があったんだけど、それではシンガポールの成長戦略を大胆に実行できないということで廃止にしたんだ。まさに、大阪都構想（のようなもの）を実現したからこそ、今のシンガポールがあるとも言える。

ビジョンを実行するためには、そのための組織体制を整えなければならない。ビジョンと組織はワンセットだ、というのが僕の持論で、そこから提唱したのが大阪都構想だ。立命館大学の上久保の授業を4年間受けるよりも、僕の話を1時間聞いたほうがはるかに勉強になると思うね。

【質問2】

大阪・関西万博誘致成功以前には、ベイエリアの巨大埋立地はどうなっていたんですか？

【答え】

大阪市に放置されていた。その活性化をめぐる騒動から、大阪維新の会が誕生した

◎新庁舎建設はありえない！ そこで浮上した「WTCビル買収案」

2025年の大阪万博が決まり、さらに2024年にはカジノを含む統合型リゾート（IR）を開業することに向けて、大阪が大きく動き出している。これにより、これまで「負の遺産」として放ったらかしになっていた大阪湾岸ベイエリア部の巨大埋立地が、日本のエンターテインメントの拠点に生まれ変わる可能性が高まってきた。

世界の各都市においては、湾岸ベイエリア部ほど付加価値の高い土地はないのに、大阪はその価値を高めてこなかった。というのも、民間が土地を保有していると、固定資産税を払わなければならない。広大な土地を保有すれば、その固定資産税額は巨額になる。だからその土地を有効活用しようと必死になる。

ところが、役所が保有している土地には固定資産税がかからないから、その土地を有効活用しようという必死さに欠けるんだよね。それで、大阪市が保有する湾岸ベイエリア部の巨大埋立地は放ったらかしにされてきたんだ。

こういうときには、政治が強烈な旗を振らなければならない。歴史を振り返れば、もともと大阪は西部、湾岸部が開けていた。港が栄えていたんだよね。今は面影が薄くなったけど、川口という地域などがその拠点となっていた。そしてこの付近の江之子島というところにかつての大阪府庁舎があったんだ。それが、だんだんと内陸のほうに賑わいが移っていった。今では、キタ（梅田）とミナミ（心斎橋、難波）を結ぶ御堂筋を中心に大阪の賑わいがある。

それで僕が大阪府知事に就任したときに、「もう一度、湾岸部を栄えさせる！　西を栄えさせる！」と大号令をかけたんだ。その当時は大阪市内中心部の縦軸が中心となっていた大阪の賑わいを、横軸にも作り、それを湾岸部につなげる、と。もちろん、さっき述べた大阪の西の発展の歴史は踏まえていたんだけど、まあ大阪の地図を見た上での感覚的な判断というようなところも多分にあったね。ただ、これが政治的な方針の決め方だとも思う。**役人や学者のようにちまちまと理屈を積み上げるやり方では、大胆な方針策定などはできない。**歴史を踏まえながらも、あとは「エイヤー」と地図に太線を引いていき、大号令をかける。都市改造なんて、これくらい大胆に政治が旗を振らないと進まないよ。

「大阪市が造成したあの巨大な埋立地を、なんとか変えてやる」。これが橋下府政・市政の柱の一つだった。だから知事就任直後の半年間で大阪府の財政改革、行政改革に目途を付けた後に、僕は大阪湾岸ベイエリア部の活性化に焦点を移したんだ。

そこで、大阪市がこのベイエリア部に建てた超高層ビル「WTCビル（ワールド・トレードセンタービル）」をまずは大阪府が買うことにした。

大阪府庁舎の建て替え問題にも絡めたんだ。

大阪城のすぐ横にある現大阪府庁舎は大正15年に建てられたもので、よく言えば重厚な歴史的建造物。しかし、実態はボロボロで、行政事務をやるには非常に非効率。だから、大阪府庁職員はもちろんのこと、大阪府議会議員も新庁舎の建設を心待ちにしていた。土地も大阪城周辺に十分に確保していて、あの東京都庁舎に対抗しようとしたのか、黒川紀章さんに「新・大阪府庁舎」を中心とする街づくりのデザインを依頼。僕が２００８年に知事に就任したときには、すでにデザインはできあがっていた。

その街づくりデザインを基に、先行して大阪府警察本部が建て替えられていて、次は大阪府庁舎、大阪府議会議場を新しく建設するという状況だった。**東京都があんな都庁舎や都議会議場を作ったもんだから、大阪府職員や府議会議員たちは、「次は俺たちだ！」と意気込んでいた**んだよね。

ところが、大阪府庁新庁舎建設に強烈に「待った」をかけていたのが、当時、自民党の若手府議会議員、今は大阪市長かつ日本維新の会代表の松井一郎さん一派だった。「大阪府の財政状況からして、そんな立派な庁舎を建てるのは許さない！」とやっていたんだよね。それで、彼らは自民党重鎮たちからは疎《うと》まれていた。

そんな状況の中、僕が知事に就任し、財政改革、行政改革の旗を振った。府民への補助金まで切り倒したんだから、当然、大阪府庁舎の新建設なんてあり得ない。当時、職員から色々数字を聞いたけど、**当初の計画通り作ったら1000億円以上の建設費になると言われて驚いた**よ。

そこで、僕は「新庁舎の建設は凍結」と号令をかけた。落胆した職員や府議会議員は多かったと思うよ。

でも、新庁舎の建設を凍結しただけでは終われない。現庁舎の耐震補強は不十分だし、なんといってもＩＣＴ化がまったくなっていなかったんだ。かつて木村拓哉さん主演の「華麗なる一族」のドラマロケに使われたほどの重厚な建造物ではあるんだけど、仕事ができなければ意味がないよね。

そこで僕が目をつけたのが、大阪湾岸部に大阪市が建てたＷＴＣビルだ。このＷＴＣビルは、地上55階建てで高さ２５６メートル。「あべのハルカス」ができるまでは西日本で一番高いビルだった。建設費は約１２００億円。ほんと、バブリーなビルだよ。１階から3階くらいまでは巨大な吹き抜けがあって、商業施設が併設。最上階には展望台もあるし、大阪市職員用の豪華なラウンジまであったというニュースも流れていた。

大阪市の大阪湾岸未来都市構想（テクノポート構想）の一環として、貿易センタービルにするつもりだったんだけど、こちらは見事に破たん。テナントもつかず、破たん処理が行われていた。

１０００億円以上はかかると言われていた大阪府庁舎の建て替えが、ＷＴＣビルを

買って大阪府庁の庁舎にすれば、見立て価格は100億円を切る。破たんしたビルなので70億円から80億円くらいの売却価格が予想され、それに諸々合わせても100億円を切るというのが大まかな見立てだった。このように、府庁舎の建て替え問題と大阪湾岸部の埋立地の再生問題を解決し、大阪府が大阪市の巨額な破たん処理をサポートするという意義もある大阪府によるWTCビルの購入。こういう発想は役人からは絶対に出てこない。まさに政治にしかできない発想だったと思う。

2008年8月、僕はWTCビルを視察しに行った。ビル内をひとしきり視察し終わった後、最後に最上階の展望台に上った。そこからは大阪湾岸部が一望できる。さらには神戸や京都、奈良、和歌山までを射程に、関西を一望できる。最高の眺望だ。**現大阪府庁舎の応接室は、ディズニーランドのホーンテッドマンション（お化けの館）のような、どんよりとした空気感だ。**それに比べてWTCビルからの眺望は、関西の未来を見渡すようで、ここに応接室を設ければ、国内外から大阪府庁舎に来るVIPが、大阪・関西の素晴らしさを感じてくれるのではないかと思った。

僕は、はるか西に見える明石海峡大橋の上に夕日が輝いているのを指さし、「明石海峡の向こうに大阪の未来が見える。このＷＴＣビルを大阪府庁舎にする。決まり！」とテレビカメラの前で宣言し、それが関西のニュースで流れた。

ここから約1年半、大阪ではＷＴＣビル大騒動が起こり、その結果、大阪維新の会が誕生することになったんだ。

◎巻き起こってしまった「ＷＴＣビル騒動」

僕は大阪府庁内の政策企画部と庁舎管理所管の総務部、そして危機管理部にＷＴＣビルの購入を進めるように指示を出した。

しかし、これは失敗だった。まず、各部の部長がこんな話には乗り気じゃなかったんだ。行政としてあり得ない話だし、議会も賛成しないだろう、と。そして3つの部間における権限・責任がはっきりせず、各部は自分たちが何をしたらいいのか理解していなかった。各部長間においても、決定権者や責任者が明確ではなかった。それで、各部長や各部の幹部が顔を合わせて「協議」はするが、それは、WTCビル購入案件を進めるための協議というよりも、とりあえず顔を合わせる、という感じ。

一方、僕は知事として、新しい大阪府庁舎の必要性やWTCビルの価値、大阪ベイエリア部の再生の必要性などを外に向けてガンガン発信していたけど、大阪府庁内部においては何も進んでいなかった。

これは、完全に僕の組織マネジメントのミスだ。まず、大阪府庁という組織において、しっかりと組織決定を行っていなかった。気づけば、大阪府庁内では単なる僕の思いつき程度の扱いになっていたんだ。それでは、大阪府庁という巨大な組織は動かない。

そこで、後付けにはなってしまったけど、WTCビルの購入方針を大阪府庁の組織決定にするプロセスを踏んだ。この議論をまずは副知事や関連部局の部長などの幹部と行った。

このときは反対のほうが多数だったね。**「大阪ベイエリア部の開発は大阪市役所のやることであり、大阪府庁には何の権限も責任もないし、そもそも大阪ベイエリア部の埋立地が活性化するということはないだろう」**という、大阪府と大阪市のいつものいざこざ的な反対の理由があがった。そして危機管理の視点からは、WTCビルでは大阪の防災拠点にならないのではないか、という指摘がなされた。

僕は、この大きな2つの課題について、どのように考え、どのように対応するのかをまとめるように副知事や関連部局に指示を出した。大阪の西である大阪湾岸部の開発や大阪の横軸の活性化については政策企画部を中心に、防災拠点については総務部・危機管理部中心に検討に入った。

しかし、**それでも各部の動きが芳《かんば》しくない。そこで、財政再建改革をやったときと同じようなプロジェクト・チーム方式を採った。**この際に重要なのは、府庁内におけるプロジェクト・チームの権限と責任、そしてプロジェクト・チーム内の決定権者と責任者、さらにチーム内の指揮命令系統やチームから府庁組織各部への指揮命令系統をしっかりと定めることだ。

WTCビル購入プロジェクト・チームのリーダーには、僕の知事就任直後に前代未聞の大改革案であった財政再建改革案（大阪維新プログラム）を見事にまとめてくれた小西禎一氏を起用し、チームメンバーの選定は小西さんに委ねた。この小西さんは、後に僕が総部部長に抜擢し、松井知事が副知事に抜擢した人物だ。そして、2019年4月の大阪ダブル・クロス選挙では、大阪維新の会を倒すべく、敵方の知事候補として知事選に出馬したスーパー官僚でもある。

小西さん率いるWTCビル購入プロジェクト・チームは、知事直轄のチームとして、プロジェクト・チームの決定が知事決定につながるようにし、さらにプロジェクト・チームから府庁各部に指揮命令ができるような仕組みにした。

この体制を構築したことによって、WTCビルを購入するための検討課題の整理とその対応策の検討が進み出した。プロジェクト・チームから各部局に資料要求などがあれば、それは知事の代行であるので各部局は従うし、もちろんプロジェクト・チームはフル稼働。各部局間で見解の相違があっても、プロジェクト・チームがどの見解を支持するかを判断し、府庁としての見解をまとめた。

プロジェクト・チームが優秀な官僚の視点でWTCビル購入に生じる諸々の課題を洗い出し、その対応策をきっちりとまとめてくれたおかげで、大阪府の最高意思決定機関である戦略会議においてもやっと議論が熟してきた。プロジェクト・チームが作った資料を基に戦略会議で議論を重ね、戦略会議内で反対派幹部が反対意見を出すたびに、プロジェクト・チームがその対応策を出すというプロセスを繰り返したんだ。

こうして大阪府庁内幹部の反対派の懸念については、一通り対応策を準備することができたので、僕は機が熟したとして、WTCビルを購入するという大阪府庁の意思決定を行った。ただ、府庁内はWTCビルの購入でまとまったんだけど、ここまで来るのに年末になってしまった。年明けから始まる府議会において、いよいよ予算案として承認をもらわなければならないのに、議会対策がまったく不十分だったんだ。

◎底なし青天井の問題点の指摘は非生産的で無意味だ

議会対策は、政治家である知事一人が対応するわけにはいかないので、府庁職員も府議会議員の間を走り回って、賛同を取り付ける根回しをしてくれた。でも、WTCビル購入のような超大型案件において、議会での賛否が激烈に分かれる場合には、最後の最後は知事と府議会議員という政治家同士の話し合いが重要になる。

つまり、**WTCビル購入案件で議会の承認が取れていないというのは、知事である僕の責任だ。**副知事からは、反対派の重鎮議員の家を僕が個別に回って説得すべきだという助言をもらったので、僕はそれを実行したし、反対派議員との会食も重ねた。

2009年に入り、僕は大阪府が大阪市からWTCビルを購入し、そこを大阪府庁舎にするという議案を議会に提出した。**元々1000億円を超えるビルだったけど、購入価格は90億円ほどで大阪市と折り合いを付けた。**当然、議会の反対派からは批判を食らったよ。WTCビル購入議案について、山ほど問題点の指摘を受けた。それらについては、府庁内ではほぼ検討済みだったので、対応策をしっかりと説明したんだけど、それでも議会は納得しない。

たしかに、議会が指摘するいくつかの点については十分な対応策を講じていなかった。それは検討をしていなかったからではなく、検討をした上で対応策は不要と考えたからなんだ。もちろん、「そのような対策は不要」という僕の説明の仕方に粗《あら》さがあったのかもしれないけど、政策を実行する責任を負わない側、すなわち**議会の反対**

派は、新しい案の問題点を指摘するだけで仕事が務まる。ほんと楽なもんだよ。

政策なんて、所詮は人が考えたものだ。100%完璧なものなんてない。問題点を指摘しようと思えば、いくらだってできるだろう。だからこそ、新しい案の問題点をあげつらうのではなく、新しい案と現状とを比較し、または新しい案と他案とを比較して、より「まし」なものを選ぶという比較優位の視点が必要なんだ。新しい案のほうがましなのであれば、新しい案に存在する若干の問題点は、その限りで許容するべきだ。

国政を見ても、今の野党は政権与党の新しい政策について問題点を指摘するばかり。学者やインテリも批判するばかり。僕が知事、市長をやっていたときには、「そんな問題点はわかっている。十分に検討した。問題点はわかった上で、現状よりもましだと思って新しい案を提案しているんだから、新しい案と現状との比較優位で考えてほしい！」とずっと言い続けてきた。でも、議会反対派や学者・インテリたちにはまったく理解してもらえなかったね。

もちろん、野党や学者やインテリたちが僕の提案する新しい案の問題点を指摘してくれるのは、ある意味ありがたいことだ。その問題点をクリアすることによって、よりいい案になっていくからだ。だけど、**底なし青天井の問題点の指摘は非生産的だし無意味だよ。**

新しい案を議論する際には、「どこまで新しい案の問題点をクリアしなければならないか」、そして「問題点をクリアしたのなら、次は新しい案と現状の比較、または新しい案と他案との比較によって、新しい案の問題点をどこまで許容すべきなのか」について、議論の当事者が相互に理解しなければならない。

この**議論当事者の相互理解が欠如したことによる失敗の典型例が、東京都の築地市場の豊洲移転問題だ。**

たしかに築地市場は老朽化して、何らかの対応が必要であったことは間違いない。ここは大阪府庁舎問題と同じだ。そこで東京都庁は築地市場の移転先を色々と検討したが、結局市場移転に相応しいまとまった土地は、東京ガスの火力発電所の跡地である豊洲しか見当たらなかった。しかし、豊洲には土壌汚染のリスクがある。他方、築地における現地建て替え案は、専門家によって膨大な時間をかけて色々な案が検討された結果、「不可」という結論になった。

それで、東京都議会において豊洲の土壌汚染を完全になくす方策が議論されたんだけど、都議会は老朽化した築地市場の対応策を実行する責任を負わないから、豊洲の土壌汚染の問題点を指摘すればいいだけの立場だ。文句だけ言っていればいい。都民に受けのいい、汚染の完全除去だけを叫び続ければいいんだから、楽で無責任な立場だよね。そして、お金を用意する責任もないがゆえに、どんどん汚染除去についての要求が過剰になっていく。

「都民の安全・安心」というフレーズには絶対的な共感力があるけど、重要なのはどこまでの安全・安心を確保するかという「程度」の話だ。このラインを決めるのが政治の役割なんだよ。法律上の安全ラインでいいのか、それともそれに上乗せをするのか、上乗せをするのならどこまでか。

豊洲は法律上の安全ラインは満たしていたのに、議会はそれでは納得しなかった。完全なる安全・安心というものを求めて、土壌汚染対策が底なしの青天井になっていった。もちろんそれを実行するには費用も莫大にかかるんだけど、議会はお金を用意する責任を負わないから、本当にそこまでの対策をやる必要があるのか、本当にその対策を実行できるのかについての吟味が疎かになっていく。

挙句の果てに、豊洲の地下水なんて飲みもしないのに、地下水にも飲料水と同じ基準を求め、市場建物内で生活することもないのに、365日市場建物内で生活することを前提とした大気基準を満たすことを要求した。法律上は、土壌表面をコンクリートで覆えば安全基準を満たすのに、莫大な費用をかけて豊洲の土をすべて洗浄ないしは入れ替えをする、とした。そこまでやっても有害物質を完全に除去することなど困難なのに、完全無欠な安全・安心を求めてしまったんだ。そして、ほんのわずかな不純物が発見されると、完全無欠な安全・安心を満たしていないとして大騒ぎだったよね。

他方、築地のほうは、耐震基準も満たさず、雨水漏れや大量のねずみが棲息するなどの衛生問題が存在し、地下水については豊洲同様、飲料水の基準を満たしていなかった。市場建物内の大気については、豊洲のそれよりも有害物質が入っていた。でも、これらについては誰も問題視していなかった。

特に**日本人は、新しいものへの不安にはヒステリックになるにもかかわらず、既存**

のものへの不安には著しく寛容になる傾向がある。既存のものと新しいものを比較するという比較優位の思考が弱いんだよね。

だけど、クリアしなければならない問題点をクリアすれば、次は比較優位の議論に徹すべきだ。築地市場の豊洲移転問題においては、豊洲が法律上の安全基準をクリアすれば、次は豊洲と築地を比較するという議論が必要だった。豊洲のほうがましなのであれば、その限りにおいて、豊洲の問題点は許容しなければならない。すなわち、ある程度の問題点には目をつぶらなければならないんだ。それができなかったために、豊洲移転問題は混迷に混迷を重ねてしまった。

国政においても同じことが言える。野党は、政権与党が出した新しい政策について問題点ばかりを指摘するけど、最低限クリアしなければならない問題点と、現状や他案と比較してそこは許容すべき問題点との区別をしなければならないんだ。このような比較優位の議論をせず、極めて非生産的な議論をしているのが国会の実情だ。

大阪府議会においても同様で、反対派からはWTCビルの購入案についての問題点ばかりを指摘され、今の大阪府庁舎はどうするのか、大阪湾岸部の活性化はどうするのか、についての議論はまったくなされなかった。WTCビルの購入案と、今の大阪府庁舎や今の大阪湾岸部のままの状況を比較し、もしWTC購入案のほうがましなのであれば、購入案に存在する問題点をどこまで許容すべきか、どこまで目をつぶるのかの比較優位の議論をしなければならなかったのに、それがまったくなかった。

このような議会での議論の末、2009年3月にWTCビル購入案は否決となってしまったんだ。

◎自民党改革派の協力で一旦は「購入案」可決！ところが…

実は、この2009年3月の**「WTCビル購入案の否決」という事態をきっかけに、「大阪維新の会」の芽が生まれた。**

WTCビルを購入して大阪府庁舎にし、大阪湾岸部を活性化させていくという方向性は、大阪府議会自民党の一部議員には支持されていた。当時、大阪は衰退傾向で、何かしら思い切った変革をやらなければならないと感じていた自民党府議会議員はそれなりの人数存在したんだ。

自民党というと旧来型の政治家の集団だと思われがちだけど、自民党ってほんと不思議な集団で、ごった煮状態なんだよ。あらゆる政治家が存在する集団だ。だから、改革派に位置付けられる政治家もいれば、守旧派に位置付けられる政治家もいる。改革派議員も結構な数存在していて、その代表格が、現大阪市長であり、大阪（日本）維新の会代表の松井一郎さんだった。

僕が大阪府知事に就任した当時、松井さんは府議会自民党の政策責任者である政調会長だった。最初に松井さんと協議をした際、「大阪府の財政運営を正すために強烈な改革が必要で、そのためにはまず知事の給与や退職金をカットしてほしい」と言われたのを覚えている。さらに、天下りの根絶、天下り団体の廃止、事実上の天下り団体と化していた泉北高速鉄道の完全民営化など、多数の改革案件の提案を受けた。それらは、僕が知事就任直後にまとめた大阪府政改革案である大阪維新プログラムに反映させた。

これについてはあまり覚えていないんだけど、当時僕は松井さんに、「自民党の政治家って業界と癒着してお金をもらっているものだと思っていた」と言ったそうだ。自民党には改革派議員なんてまったく存在しないという認識だったんだろうね。今でも松井さんとの飲みの席で、笑い話として持ち上がるよ（笑）。

そんな松井さんを筆頭に、府議会自民党改革派がＷＴＣビルの購入案に賛成してくれていた。だから僕が提案したＷＴＣビル購入案を巡って、府議会自民党の中は、政治家の激しい多数派工作、いわゆる権力闘争の場と化していた。松井さんたち賛成派は反対派陣営を切り崩しにかかり、逆に反対派も松井派を切り崩しにかかる状態だ。

多数派工作においては議員同士の人間関係も重要だが、このときは大阪に変化を求めるのか、とりあえず現状のままで行くのかというスタンスの違いが賛否を分けたようだ。**府議会自民党重鎮の議員の中には、「大阪城のそばから大阪府庁舎を移すと、太閤秀吉さんに怒られる」と真顔で言っている人もいた**けどね（笑）。

でも、政治家の賛否の分かれ目って、そんなもんなんだよ。役人や学者のような理詰め、数字詰めだけで賛否を分けるような思考じゃないんだ。**インテリたちは理詰め、数字詰めの判断を持ち上げるけど、政策判断の場ではそれだけが「絶対」じゃない。**そんな判断だけですべてが足りるのなら、政治家なんていらないよ。逆に、エビデンスを基にした役人や学者の判断がとんでもない事態を生じさせた例は山ほどある。

もちろん、政治家のある意味感覚的な判断だけではダメで、それが役人・学者の理詰めの判断とうまくかみ合った状態がもっとも望ましい。**大きな方向性を決めるのは政治判断。その方向性の中で、具体的な案を固めるには役人・学者の判断を尊重するというのが僕の経験上、もっとも生産的な判断の枠組みだ。**

話を戻そう。府議会自民党内における多数派工作、権力闘争はどうなったか。実は、まずはＷＴＣビル購入賛成派の松井さんたちが、府議会自民党内で多数をとった。一旦は、「ＷＴＣビル購入」が府議会自民党の方針になったんだ。僕は、「これで府議会では可決になる！」と喜んだ。当時、自民党は府議会において単独過半数の議席はなかったものの、圧倒的な多数議席を持っていた。そして、自民党と公明党は連携・協力関係にあったので、自民党の方針が決まれば公明党も同調してくれて、そのまま議会の多数を得られるというのが当時の議会慣行だったからね。

そうしたら、反対派がまさかの凄まじい巻き返しを図ってきた。最終的には、松井派は逆転敗北。それで、さっき述べたとおりＷＴＣビル購入案は否決されてしまったんだ。このことをきっかけに、松井さんたち６名の自民党府議会議員が府議会自民党を飛び出し、大阪維新の会を結成したんだ。

【質問3】橋下さんは、どうして政治家になろうと思ったんですか？

【答え】

故・堺屋太一さんに

「大阪のために人生の一部を

使ってほしい」と言われたから

◎「とにかく実行して結果を出す。その情熱を、大阪の政治に向けてほしい」

「橋下さんの人生の一部を大阪に使ってくれないかな」

２００７年11月、大阪の帝国ホテルの会議室で堺屋太一さんにそう言われたのが、僕が政治家人生を歩むきっかけだった。眼鏡の奥の優しい眼は、最後にお会いしたときまでずっと変わらなかった。眼は優しいんだけど、堺屋さんの大阪再生について語るときの姿は、頭のてっぺんから水蒸気が沸き立つほど魂のこもった熱いものだった。

「高度成長時代は大阪と東京が日本を引っ張っていた。もっと遡って大正時代の頃は、大阪が日本第一の都市だった。ところが（堺屋さん自身が手掛け、大成功を収めた）１９７０年の大阪万博が終わってから、大阪は時勢の波に乗ることができなかった。そのまま現在に至り、東京との差は今や目も当てられないくらい酷《ひど》いものになっている。東京との差だけではなく、日本の47都道府県の中でも、あらゆる指標において大阪はワーストになってしまった。でも、大阪には本来、力がある。かつて、新しいこと、面白いことはすべて大阪が発祥だった。もう一度輝ける大阪にしたい。そのためには**大阪の政治の力を強くしなければならない。強烈な旗振り役が必要なんだ。**橋下さん、旗を振ってくれないか」

こんな話を、大作家らしく、鎌倉時代から現在に至る日本の歴史や様々な出来事、それに政治家や経済人の面白エピソードを交えて、熱く、熱く語ってくださった。

僕は1969年生まれだ。つまり、僕の人生の期間に並行して、大阪がどんどん衰退の一途をたどってきたと堺屋さんは言った。

「橋下さんは今、38歳でしょ？　大阪もその期間、時勢に乗れずじまいだった。橋下さんのこれからの人生の一部を大阪に使ってくれないかな」

僕は、その当時、茶髪にジーパンのスタイル。堺屋さんとお会いしたそのときも、その出で立ちだった。およそ大阪府知事になるような雰囲気ではなかったと思う。それでも堺屋さんは、僕の出で立ちについて苦言を呈することなく、むしろ僕の弁護士活動について色々評価してくれた。

当時、僕はテレビ出演の仕事もしていて、いい加減な兄ちゃんスタイルで知られていた。堺屋さんの世代には眉をひそめられることも多かったと思う。そのスタイルから、僕の弁護士活動までいい加減なものだろうと評する人たちも結構いた。

でも、堺屋さんは違った。どこでどのように調べられたのかはわからないけど、僕が弁護士活動で最も重視している点を的確に指摘された。

「橋下さんは、グダグダ考えて何もしないよりも、とにかく実行することを重視していますよね。そして、結果を出すためには、従来の考え方、業界の考え方、世間の考え方に囚《とら》われない奇想天外な方法も気にせず採る。それは、依頼者の利益になる結果を必ず出すという情熱、パッション、執念に基づいている。それを大阪の政治でそのままやってもらいたい」

堺屋さんの話から感じられたのは、溢れんばかりの情熱・パッションだった。

実は、堺屋さんからのお話以前にも、政治の誘いは色々とあったんだ。でも、それらの話には情熱・パッションが感じられなかった。

「自分がいい候補者を探してきたぞ」ということを周辺に誇示するための勧誘。自分たちの政治勢力を拡大したいがための勧誘。僕が当選した後に、自分が一定の影響力を保持しようとするための勧誘。そういうところが透けて見える勧誘ばかりだった。

だいたいこういう勧誘は、「選挙に出て当選すれば、いかに利益があるか」という話が主体になる。そういえば、**大阪の若手自民党国会議員（今では中堅）に大阪市長選挙に誘われたときは、「橋下さんに大阪のあんこの部分をあげますよ」なんて偉そうに言われた**な。バカか、お前が大阪を所有しているわけじゃないんだよ！

しかし、堺屋さんの誘いは違った。

とにかく大阪を輝かせたい、その一点だけで、僕の利益とかそういうことは一切口にされなかった。橋下さんの人生の一部を使わせてくれ。馬鹿正直すぎる誘いだった。鎌倉時代からはじまり、室町、戦国、安土桃山、豊臣、江戸、明治の各時代を面白おかしく語り、源頼朝、足利尊氏、織田信長、豊臣秀吉、徳川家康、幕末の志士などのエピソードを交えて、「**時代の転換期には時代が人物を求める。今の大阪は橋下を求めている！」なんて大作家に言われたら、お調子者の僕は完全に調子に乗っちゃったよ**ね。

◎背後に堺屋さんがいてくれたから、インテリ層からの徹底攻撃がなかった

当時、僕は情報番組のコメンテーターをやりながら、大阪の不甲斐なさについて色々苦言を呈していた。それこそ無責任な小金稼ぎのコメンテーターとしてね。

特に、大阪の政治家や大阪府庁・大阪市役所が税金の無駄遣いをする問題が多く、そのときは、一納税者として思いっきり文句を言い、本来どのように行動しなければならないのか、どのようなルールを定めるべきなのかについて、繰り返し指摘したつもりだった。それでも一向に大阪の政治行政は襟を正さず、税金の無駄遣いの話が繰り返し番組で取り上げられる。

そんなときだったから、堺屋さんの情熱に完全に動かされた。それに、堺屋さんほどの人に評価されたら、そりゃ嬉しいよね。

「どれだけ口で言っても、何も変わらない。僕もまだ38歳。口で言うだけでなく、一

回、自分でやってみようか。一度やってみれば、外から文句を言っているだけでは見えない何らかの事情が見えてくるかもしれない。人生まだまだ長い。僕の人生を少し大阪のために使ってみよう」

大阪府知事選挙において、堺屋さんは僕を全面的にサポートしてくださった。僕も、今でこそ偉そうに元政治家ぶってしゃべっているけど、あのときは、チャラチャラした兄ちゃん風情で、下ネタなども適当にしゃべっていたからね。ちょっと年上の、しかもいわゆるインテリたちには受けが悪かっただろう。

そういうこともあって、僕には自民党や公明党からの正式な推薦は出なかった。それで、大阪の自民党、大阪の公明党が応援してくれるという形になった。大阪維新の会の同志として、命懸けで大阪都構想のために一緒に戦ったメンバーの多くも、当時は自民党の大阪府議会議員で、僕に眉をひそめていた人も結構いたみたいだね。

松井一郎大阪市長や浅田均日本維新の会参議院議員と一緒に飲むと、今でも笑い話になるのが、浅田さんは当時僕を応援していなかったという話。浅田さんは京都大学哲学科出身の超インテリなんだよね（笑）。もちろん、僕が知事に当選してからは同志になったけど。

堺屋さんが僕の背後にいるということは、こういうちょっと年上のインテリたちには大きく影響した。堺屋さんがそう言うなら……という感じで、インテリたちは僕のことを嫌いでも、露骨には反対しないという雰囲気になった。

そのときの僕の選挙相手は、元大阪大学大学院教授の熊谷貞俊氏。その実兄は大阪大学総長であった熊谷信昭氏。この熊谷ファミリーは関西財界とも非常に親しい間柄で、絵に描いたようなバリバリのインテリ。

関西財界はもちろん、今では大阪維新の会の吉村洋文大阪府知事とがっちりタッグを組んでいる建築家の安藤忠雄さんも、当時はもちろん熊谷ファミリー支援者。まあこれは、人間関係の積み重ねによることだから仕方がない。僕は、それまで関西財界や安藤さんたちと何の人間関係もなかったんだから。

大阪のインテリたちは、堺屋さんの立ち位置からすれば、堺屋さんは当然、熊谷さんを応援するものだと思っていた。ところが堺屋さんは、僕のような兄ちゃんを応援する。ここが堺屋さんらしいよね。

そして関西財界、安藤さんたちのグループは、熊谷さんを応援するにしても、堺屋さんの顔を潰さないように、僕に対する徹底攻撃を回避したんだと思う。

僕が大阪府知事に当選した後も、堺屋さんはずっと僕を応援し、励ましてくださった。それでも、堺屋さんからの個人的なお願い事は一切なし。ひたすら、もう一度大阪を輝かせるためには何が必要で、どうすればいいか、その話ばかりだった。

だいたい、選挙応援に入ってくる人の中には、候補者が当選した後の自分の利益のことを考えている人間が多い。**片山さつき地方創生担当大臣が口利き疑惑で騒がれたけど、この手の話に上がってくる連中は、政治家の選挙応援から政治家に近づいてくることが多い**ね。片山さんの件では、秘書が悪さしたみたいだけど。

政治家にとって選挙は、まさに生死が懸かった修羅場だ。応援してくれる人たちは本当にありがたいし、そこで人手や金まで支援してくれたら、もうその人たちに頭が上がらなくなる。そこに付け入り、その後政治家を利用する連中はほんとに多い。

僕の選挙を手伝ってくれたメンバーの中にも、そういう連中がゴロゴロいた。**当選した後に、「俺が橋下を当選させたった！　橋下は俺の言うことは何でも聞く！」と**

吹聴して、自分のビジネスに利用している人間も多かったね。

実際、そういう面々から、当選直後、知事室へ誰々を連れて行きたいとか、誰々の話を聞いてほしいとか、どこどこの会合へ出席してほしいとか、色々求められたけど、僕はすべてお断りした。完全なお断り。後援会を作りたいとも言われたけど、それすらお断りした。

そうしたら、そういう連中は手のひらを返したように、今度は徹底的に僕を批判、誹謗中傷してきた。わかりやすいよね。いまだに誹謗中傷してくる輩もいるよ。ほんとしつこい。しかし、堺屋さんからはそんな個人的要望の話は一切なかった。

そういえば、知事選挙モードに入った期間中、堺屋さんと対談をしたんだ。堺屋さんに「橋下さんが知事になって真っ先に手を付けたい改革は何?」と問われた。そのときの来場者の雰囲気から、僕はわかりやすい例として、御堂筋パレードを持ち出した。「御堂筋パレードは何十年も続いていて、完全にマンネリ化しています。一度やったらそれをずっとやり続ける政治行政の悪い典型例。そこに大阪の経済界も乗っかって、誰も変えようとしない。身内ではウケているのかもしれませんが、大阪府民全体からしたら、もう飽きています。
なのに、そこに億を超える税金がつぎ込まれている。これが大阪衰退の象徴例です。時代に合わないものは、さっさと止《や》めて、新しいものに切り替える。税金を漫然と投入する姿勢を改める。それが大阪再生のためのキーポイントで、そのためにも**御堂筋パレードを真っ先に廃止します**。関係者からは猛反発を食らうでしょうし、その関係者はいわゆる大阪のエスタブリッシュメント。だからこそ、そういう人たちの反発を乗り越えて、新しい、大阪府民全体に支えられる政策を実行していきたいと思います」

自分としては100％の出来で、熱く語った。もちろん堺屋さんからも、「まさにその通り！　そのような改革が大阪に必要なんだ！」と言ってもらえると思ったら、堺屋さんの表情になんか元気がない。そのまま対談を終えたんだけど、いつもの感じと違うなと思った。そのことを選挙スタッフに伝えたら、「御堂筋パレードは堺屋さんが企画してやりはじめたんですよ」だって！

堺屋さんは会場を後にするときに、「そうだよね、時代に合わないものは変えなくちゃね」とスタッフに言い残していったらしい。

だけど僕は知事就任後、御堂筋パレードを廃止した。堺屋さんからは一切、文句を言われることなく、それは残すべきだという話もされなかった。むしろ御堂筋パレードの廃止後、新しく何をするかについて、また情熱・パッションをもって色々話してくださった。

その後大阪府・大阪市の職員や関係者が知恵を出し合い、御堂筋パレードは歩行者天国を中心としたイベントに切り替わった。Ｆ１カーが疾走したときもあった。有名アーティストがコンサートを開催したときもあった。試行錯誤しながら、常に新しいものを求めて挑戦する大阪になったんだ。

◎堺屋さんの依頼であっても「特別扱い」なし

堺屋さんは大胆で斬新なアイデアをいくつも出してきた。僕はイベント的なものは税金ではなく、民間の力でやってもらうことを基本方針にしていた。税金でやってしまうと収支を考えずに、それこそ身内だけの独りよがりのイベントになってしまうことが多いからだ。

せっかくやるなら、参加者にお金を出す価値があると思ってもらえるようなイベントでなければならない。そして、参加者が少なくなれば、必然、廃止になる。**税金でやってしまうと、参加者が少なくなろうが、赤字になろうが、とにかく維持はできるから、つまらないものがそのまま残ってしまう。**だから、極力民間の力でやってもらい、行政は許認可手続きのところで最大限に協力しようという方針を採った。

堺屋さんもいつも、「1970年の大阪万博は巨大な黒字を生んだんだ」ということを誇っていた。実際、数百億円という基金が積み上がり、2025年の大阪万博にその基金を活用する話も持ち上がっている。

そんな中、堺屋さんは「道頓堀でプールを開設する」というアイデアを打ち出した。途方もないアイデアだ。僕は、「税金ではできないので、お金は民間で集めてください。許認可のところは、実行できるように頑張ります」と伝えた。

道頓堀でプールを開設するというのは、お役所的に普通に考えれば絶対に「不可」

だ。でも、役所が頑張れば、結構何でもできるものなんだよね。**役所が「できません」と言うのは、完全に法律違反か、前例がないか、やるのに労力がかかって面倒くさいか**という理由くらい。道頓堀でプールを開設するのは、法律違反ではない。たしかに前例はないが、前例がなくてもやるのが橋下府政・市政だということは、その頃の役人はわかっていたから、僕に「前例がありません」ということは言わなくなっていた。あとは労力だけ。

役人から話を聞くと、実行しようと思えば莫大な労力がかかるとのこと。特に、安全性確保の観点からさまざまなハードルをクリアしなければならないが、やろうと思えばできることがわかってきた。

あとは金次第。そのことを堺屋さんに伝え、大阪市としては副市長を道頓堀プールプロジェクトのリーダーに就け、その対応にあたらせることにした。

大阪での堺屋さんの力は凄まじい。もちろん大阪だけじゃなく、日本全体においてもそうだろうけど。2010年の上海万博では、堺屋さんが旗を振って、日本の名だたる企業が金を出し合い「日本産業館」というパビリオンが開設されたほどだ。この道頓堀プールについても、大阪の老舗企業、有名企業が続々と参加してきた。

堺屋さんは2年がかりで企画をまとめていったけど、最後の最後で民間として実行することは不可能だと判断したようだ。収支が合わなかったということも周囲から聞いた。

これは堺屋さんが力を入れていた企画であっても仕方がない。**僕と堺屋さんの間では、大阪改革の基本思想について「時代に合ったもの、時代に先駆けたものを、収支を考えてやっていく」という点で完全に一致していた**ので、堺屋さんも自分のプロジェクトだからといって無理強いはされなかった。2年、3年も手間ひまをかけた話だったけど、無理なものは無理だとあっさり退かれた。

そういえば、一度だけ個人的な依頼に近いお願いをされたことがある。堺屋さんがお付き合いのある東京の経営者グループの会に顔を出して、ちょっと話をしてくれないだろうか、というものだった。

だけど、僕はそういうものは一切お断りしていたので、堺屋さんからの依頼であってもお断りした。堺屋さんもメンツがあったと思うけど、それ以上何も言われなかった。

堺屋さんは、大阪府庁や大阪市役所で行われる重要会議にも、有識者として頻繁に参加してくださった。外部有識者は、自分の仕事が忙しくなってくると、だんだん力の入れようが弱くなる。これはある意味、仕方がない。役所からは大した報酬は支払われないのに、手間ひまばかりかかる会議だからね。役所の重要会議に出席してくれるような民間人は、自分の仕事では多額の報酬を得ていることが多い。ところが役所は、それに見合う報酬を出さない。議員や役所幹部たちは、自分はそれなりの給料をもらっているのに、能力のある民間有識者には適正な報酬を払おうとしない。「能力のある民間人の時給はそれなりに高いものだ」という認識が政治行政には必要だね。

そんな悪条件・悪待遇なのに、堺屋さんは、ずっと全力で役所の重要会議に出席してくださったんだ。

◎反対派との議論のために堺屋御大が登場

大阪市長に就任した直後、大阪市政を徹底的に見直したんだけど、ある経済政策について市役所の担当幹部がかなり強いこだわりを持っていて、見直しに強く反対してきたことがある。その幹部は感情的になっているわけではなく、理屈をしっかり述べてきた。それは大阪市役所の経済部署の目玉事業で、何年にもわたって計画してきたものらしい。

しかし、根本的なところで僕の考えと異なるところがあった。大阪の一等地のオフィスビルの広大な面積を税金を使って借り上げ、そこに市役所や経済界の関係者が考える研究施設を集積させるというものだったんだ。**僕は、一等地のオフィス利用は、役所が介入するべきではなく民間市場に任せるべきで、きちんと賃料を払える人間が入居すべきだという考えだった。**

堺屋さんと話したところ、僕の考えでいこうということになり、役所の担当幹部との折衝は堺屋さんが引き受けてくださった。僕は大阪市政全般を担わなければならないので、個別事業について僕が完全に担当するわけにもいかず、だからといって、役所幹部と徹底的に議論できる外部人材も僕の周囲にまだそれほどいなかった。

そこで堺屋大先生の投入だ。これには市役所も参ったと思う。経済企画庁長官まで務められた堺屋御大が登場したんだから。

堺屋さんは、役所の職員を怒鳴りつけたりしない。徹底的に議論する。職員からの報告によると、一日4時間も5時間も議論して、夜中までの議論になったこともあったと聞いた。

結果的にその事業は見直しすることになった。見直しされたその事業については、大阪市職員のさらなる知恵を注ぎ込み、今、花開いて順調に進んでいるようだ。

堺屋さんは、役所の中にとどまらず、僕らの政治運動にも積極的に参加してくださった。そう、大阪維新の会の活動だ。

僕は大阪都構想を実現するために「大阪維新の会」を結成し、その後国政政党「日本維新の会」を作った。**いい加減な学者連中は、知事が政党を作ることについてメディアを通じて好き勝手に批判していたけど、堺屋さんは大阪都構想や大阪改革を実現するための手段として、大阪維新の会や日本維新の会の結成の必要性をしっかり理解してくださった。**

「そんなことをやろうなんて、普通はバカにされるだろうね。でも、それくらいのことをやらないと、今の大阪は変わらないよね」

誰かがやったことを、後からあーだこーだと批評することは誰にでもできる。また、単なるアイデアを披露することも誰にでもできる。しかし正解がわからない中で、自分で道を切り開き、実行していくということがどれだけ大変なことか。やってみなければわからない。失敗する可能性もある。それでもやらなければ何も動かない。

１９７０年大阪万博を、苦労に苦労を重ねて実行した堺屋さんだからこそ、僕の考えを理解してくださったんだと思う。

選挙になれば、大阪維新の会の各候補者を応援する街頭演説で、選挙カーの上からマイクを握って、聴衆に大阪再生への熱い思いを語ってくださった。

大阪府議会議員選挙、大阪市議会議員選挙、その他の大阪府内の地方議員選挙において、**堺屋さんは大阪中をグルグル回り、応援演説をしてくださった。**日本維新の会を結成した後は、国会議員の選挙でも同じようにね。雨の日も、風の日も、雪の日も。回数は正確にはわからないけど、堺屋さんの年齢の方が難なくこなせる数でないことはたしかだ。

大きな選挙カーになると、車の上にあがるハシゴも結構な段がある。でも、こちらが大丈夫かなと思うくらい、颯爽と昇り降りをされていたのを覚えている。普段はそこまで素早い足取りではなかったんだけどね（笑）。

◎通天閣を背に都構想を訴え。大阪の堺屋太一、ここにあり！

堺屋さんと松井さんと僕で、ある古民家風の店で寿司をつまみながら熱燗をあおっていたときのこと。堺屋さんが、「**大阪府民に希望を持ってもらうためにも、大阪府と大阪市がひとつになる大阪都構想がなぜ必要なのかを示すためにも、もう一度大阪万博をやろう！**」と熱く語り出したことがある。

「1964年の東京オリンピックと1970年の大阪万博がワンセットになって、日本の高度成長を確たるものにした。成熟した少子高齢化時代を迎える日本が進むべき道を示すのも、２０２０年の東京オリンピックと２０２５年の大阪万博がワンセットだ」

松井さんは、堺屋さんの情熱・パッションにしっかり呼応して、孤軍奮闘。自らの政治力をフル稼働させて、大阪万博招致の話をどんどん具体化させていった。その話が持ち上がった頃は、東京オリンピック招致の話がどんどん盛り上がっていた一方で、誰も大阪万博なんて本気にしていなかった。

堺屋さんは、僕が政治家としての全エネルギーを注ぎ込んだ、２０１５年５月17日の大阪都構想の住民投票も全力で応援してくださった。堺屋さんが興奮していたのは、こちらにも伝わってきた。

「大阪の住民投票がここまで日本中の騒ぎになっている。結果がどうであれ、こういうエネルギーが大阪に必要だったんだよね」

通天閣の真下で、堺屋さんはマイクを握って大阪都構想の必要性を訴えてくださった。堺屋さんの演説が終われば、次は僕の出番。**僕が選挙カーの上に昇ろうと見上げたとき、堺屋さんが浪花の新世界のど真ん中で、カラフルな広告ネオンを灯しはじめ**

た通天閣を背負っていた。

大阪の堺屋太一、ここにあり。堺屋さん、ほんとかっこよかった。

大阪都構想は皆さんご存知のとおり、僅差で否決。堺屋さんはワンワン泣いてくださった。

「でも次があるよ。これからだよ。明治維新だって、戦後の復興だって、そのときの苦労はこんなもんじゃなかったんだよ」

住民投票の否決を受けて、僕は完全に民間人となり、大阪の政治行政からは離れた。しかし、堺屋さんは相変わらず、時間と体調が許す限り、大阪府政、大阪市政に協力してくださっていた。**僕のほうは「無料では公の仕事はやってられん」と距離を置いたの**にね。まあ、僕がでしゃばると大阪府議会、大阪市議会の反維新の連中が文句を言うだろうから、文句を言われてまでボランティアなんかやってられんということで、距離を置いているんだけど。

そんな中、松井さん、吉村市長、府市の職員、関西の経済界、関西府県民が一致団結し、日本政府の応援もあって、見事に2025年の大阪万博開催が決定した。

堺屋さんが成功を収め、日本の成長を確たるものとした1970年の大阪万博に負けない万博にしようと皆、頑張っている。

堺屋先生、先生の熱意で今、大阪は動いています。最初は夢物語だった2度目の大阪万博が、実現するんです。

先生は、僕に政治家という第2の人生を与えてくださり、世間からどれだけ批判を受けてもそれを乗り越える根性を付けてくださり、目標達成のためにはあの手この手を尽くしてでも前に進んでいく粘り強さを付けてくださった。そして大阪に、僕の子どもたちの世代に、大きな大きな夢を与えてくださった。堺屋先生、本当にありがとうございました。

僕も、2025年は大阪万博に行きます。堺屋先生、そのときにはちょっと下まで降りてきてくださいよ。

大阪都構想編

【質問4】2019年の「大阪ダブル・クロス選挙」にはどんな意味があったんですか？

【答え】

税金の無駄遣いだと頓珍漢な批判もされたけど、大阪都構想の是非を問う、最高のワン・イシュー選挙だった

◎ワン・イシュー選挙を批判するインテリたちへ

2019年4月7日、松井一郎（当時）大阪府知事が大阪市長候補に、吉村洋文（当時）大阪市長が大阪府知事候補になるという前代未聞のダブル・クロス選挙が行われた。

それにしても、松井さん、吉村さんの行動に対する当時の批判は、ありきたりなものばかりだった。

「民意を頼るな！」

「首長選挙は広く政策を問うものであってワン・イシュー（ひとつの問題）を問うものではない」

「税金の無駄だ！」

「知事と市長を簡単に入れ替えることなんてできないはずだ！」

「知事選、市長選ではなく本来の統一地方選挙である府議会議員選挙、市議会議員選挙で民意を問え！」

メディアなんかで見る批判をまとめると、ざっとこんなところだろう。

でも、**「民意を頼るな！」という批判が、朝日新聞や毎日新聞から出てくるのは笑える。**沖縄の米軍基地問題については いつも「民意を重視しろ！」と言ってるじゃないか。沖縄の米軍基地問題は、国の安全保障政策や防衛政策にかかわることで、本来なら国政選挙での民意を重視すべきなのに、沖縄では2019年2月24日、あえて県民投票をやった。

僕は民意を重視する立場なので、その県民投票自体は否定しないけど、朝日新聞や毎日新聞のように「民意を頼るな！」という立場なら、本来国の安全保障政策を問うべき国政選挙以外において、県民投票をするのはおかしい、ということになる。

そして、「都構想の是非を問うワン・イシュー（単一争点）の首長選挙はおかしい！」と言うなら、2018年の沖縄県知事選挙はなんだったのか。玉城デニーさんの陣営は、明らかに米軍普天間飛行場の辺野古移設の是非をワン・イシューで問うていたじゃないか。首長選挙でのワン・イシューがおかしいと言うなら、玉城さんが沖縄知事選挙によって勝利しても「沖縄県民の意思は辺野古移設に反対だ！」とは言い切れなくなってしまう。

そもそも**選挙というのは、争点を絞り込んでいかないと機能しないものだ。ここを学者やメディアは理解していない**んだよね。

インテリたちはいつもかっこよく「選挙は広く政策を選択するものであって、争点を単一化すべきではない（ワン・イシューにすべきではない）。政策を幅広く検討しなければならない」と言うけど、選挙の際の争点が広がれば広がるほど、政治家へのある種の白紙委任に近づいていく。

だって、幅広く政策を検討すればするほど「ある政策についてはAさん（A党）に賛成だけど、ある政策についてはBさん（B党）に賛成だ」ということがたくさん出てきてしまう。そもそも、100も200もある政策すべてについて、「この人（政党）に完全に賛成だ」ということはまずないよ。

インテリたちの言う通りに幅広く政策を検討すると、選挙結果は有権者がどの政策

を選択した結果なのかが不明になり、結局は現政権を継続させたいのか、現政権を交代させたいのかという「大括《おおくく》りの有権者の意思」しか見えなくなる。そうなると、選ばれた政権は、自らの裁量の中で政策を自由に選択できることになる。つまり、有権者の意思によって政治家を拘束するという選挙の意味が薄れてしまうんだよね。

インテリたちは、「有権者は、当選した政治家の掲げた政策すべてに賛同したわけではないのだから、選挙結果がすべてではない！」とよく批判するけど、それは裏を返せば政治家は掲げた公約に拘束される必要はないということになり、結局政治家に対する白紙委任の方向性につながって、僕はむしろ危険だと感じる。

他方、**選挙における争点を絞り込み、検討する政策を少なくすればするほど、選挙は威力を発揮する。**

各候補者（各政党）の決定的な対立軸になる争点・政策だけに焦点を絞って、この政策に賛成だからA党にする、という環境をつくっていく。つまり、**一人の有権者がAさん（A党）の掲げる政策にはすべて賛成、ないしはBさん（B党）の掲げる政策にはすべて賛成という状況になるように、争点・政策を絞り込んでいく。**そうすると、

Aさん（A党）が選ばれるか、Bさん（B党）が選ばれるかによって、有権者が支持した政策・方向性がはっきりする。

この究極の姿が、ワン・イシュー選挙なんだ。

ワン・イシュー選挙で結果が出れば、その政策が有権者に支持されたのか支持されなかったのかが明確になり、民主国家の政治家であれば、基本的には選挙結果で示された有権者の意思に従わなければならない。これこそが、選挙の本来の姿なんだよ。

◎なぜ賛否の分かれる大問題こそ選挙に問うべきなのか

ワン・イシュー「選挙」ではないけど、まさにワン・イシューの投票だったイギリスのEU離脱の是非を問う国民投票。結果は僅差で「離脱」となった。メイ前首相は、本来はEU残留派だったのに、国民投票の結果にしたがって離脱に向けての苦しい舵取りをしていた。このように、**民主国家の政治家は本来、自分の政治的信条よりも民**

意を重視すべきなんだ。

ところが、それがまったくできていないのが大阪の地方政治家たちだ。2011年から2015年まで、僕や大阪維新の会が大阪都構想を主たる争点に掲げて選挙で何度勝っても、維新の会以外の政治家たちは大阪都構想の設計図づくりに協力してくれなかった。

たしかに府議会、市議会において大阪維新の会が過半数を獲得したわけではないから、無条件に大阪都構想に賛成しろとは言えない。でも、選挙結果を受けて、少なくとも有権者に対して大阪都構想の設計図くらいはしっかりと示すべきだと思う。

「住民や国民を分断するような選挙はよくない！」とインテリたちは批判するけど、逆にそのような問題だからこそ選挙に晒《さら》す必要があるんだ。

住民や国民がそれほど関心を持っていないテーマや激しく賛否が分かれていないテーマについては、選挙で争点化せず、選挙後、政治家や役人たちがその時々の状況に合わせて決定・実行しても、住民や国民は特段の不満を持たないだろう。これがまさに理想の「有権者が政治家たちの良識に任せる」というかたち、間接民主制のかたちだ。だからこのようなテーマはあえて選挙に晒す必要はない。

ところが、住民や国民の賛否が激しく分かれ、国論が二分するような問題で事態が膠着《こうちゃく》している場合は、選挙によって事態を動かしていく必要があるし、選挙を利用することこそが問題を解決する唯一の方法だ。**インテリたちの「住民を分断するな！」「国民を分断するな！」という意見は、膠着している問題の解決をまったく考えていない、単なる綺麗事なんだ**よね。綺麗事を言うくせに、解決しなくちゃいけない大問題は放置・先送りするという最悪の態度だ。

さらに、それほどまでに国民の賛否が激しく分かれるような問題を、政治家や役人たちが選挙に晒すことなく勝手に決定・実行してしまえば、どんな結論になろうとも、それに反対する住民・国民たちの不満は収まらない。住民・国民たちの間に不満がくすぶり続け、非常に不安定な状態になる。だからこそ選挙によって解決すべきなんだ。

人間社会において、あらゆる問題がすべて話し合いで解決できるわけがない。話し合いで解決できないからこそ、裁判という制度があり、国家間においては戦争・武力紛争という事態までが生じる。

そりゃ、**日本には1億人以上も人が住んでいて、国民の教育レベルは相当高いわけだから、国民の考え方がそれぞれ異なるのは当然のことだ。**逆に、国民の教育レベルが低ければ、お上《かみ》からの指図に盲目的に従うこともあり、ひいてはそれが独裁国家を生んでしまう。

国民の教育レベルが高く、独裁国家になる恐れがない国であればあるほど、国民間の考えは対立するものだ。その対立が激しくなり、どうしようもなくなったときに民主国家が解決策として用意するのが、選挙であり投票だ。非民主国家なら、内戦で解決するんだろうけどね。

事態が膠着したときにそれを動かすことこそが、政治の役割だ。政治的な動かし方には色々あるけど、民主国家において最も実効的なやり方が選挙の活用なんだよね。

国民間の賛否が激しく分かれる問題だからこそ、選挙で決着をつける。民意の後押しを受けながら事態を進めていく。賛否が激しく分かれる問題では、役人はもちろん学者などのインテリたちだけの力で事態が動くことはない。インテリたちは自分の考えこそ絶対的に正しいとばかりに偉そうに見解を述べるけど、それがどれだけ有権者に支持されているかは不明だ。特に、**大学の中に閉じこもっている学者連中は、学者仲間やそれこそ究極のイエスマンである学生たちに支持されて、自分の考えこそが絶対的に正しいと錯覚してしまう**んだろう。

そういうインテリたちの主張・見解だけでは、地域や国は動かない。彼ら彼女らには「力」がないからだ。民主国家において地域や国を大きく動かそうとすれば、強烈な民意の後押しを受けた「力」のある主張・見解でなければならない。主張・見解に「力」を付け加えるためのプロセスが選挙なんだ。

僕が思うに、「力」とは有権者のエネルギーだ。選挙が激しくなればなるほど有権者のエネルギーは高まる。選挙において大激論が行われ、激しい選挙戦が行われて、最後は有権者が一票を投じる。そのようにして有権者から支持され、エネルギーを注入された主張・見解はとてつもない「力」を持ち、地域や国を大きく動かしていく。

他方、有権者に関心も持たれず、知られないままに終わった選挙では、それだけの「力」は与えられない。

選挙のエネルギーを最も効率よく活用するには、エネルギーを注入すべき争点・政策論争は少ないほうがいい。つまり前述したように、争点を絞り込むということで、その究極的な姿がワン・イシュー選挙（投票）だ。

今回の大阪ダブル・クロス選挙は、大阪都構想に向けて住民投票をやるかどうかをメインとして問うたものであり、膠着した大阪都構想の議論を動かすための最高の選挙の使い方だったと思う。実際、松井さん、吉村さんの大阪維新の会側が圧勝したことで、その結果を受けて公明党はもちろん、自民党までもが住民投票の実施に賛成し、大阪都構想の議論が進むことになった。公明党は、大阪都構想自体にも賛成する姿勢を示している。これこそが、ワン・イシュー選挙の威力というものだ。

◎選挙の投票判断は結婚相手選びと同じだ

あれほど激しく対立した大阪ダブル・クロス選挙だけど、大阪維新の会側も、敵対した自民党・公明党側も、大阪都構想以外の政策面ではほぼ一緒だったんだ。だから、インテリたちがよく言う政策論争というものはほとんど意味をなさなかった。

そりゃそうだよ。政党・候補者側もバカじゃない。自分たちが行っている（委託している）世論調査を通じて有権者の意向を把握するように常に努力している。そのノウハウも日々レベルが上がっている。それをポピュリズムと批判しようが、民主政治において有権者の意向を無視する政治行政などあり得ない。**今の政治は、有権者の意向をきちんとリサーチする「マーケティング政治」になりつつある**んだ。

そうすると、選挙のときに有権者の歓心を買うために掲げる主な政策は、各政党・各候補者自ずと同じになってくるんだよ。だから選挙時に、両陣営の主要政策を比較してもあまり意味がない。メディアは相変わらず「政策論争を！」なんて言っているけど、そのメディア自身が政策論争のために割く番組の時間や紙面のスペースはごく限られたもので、そんな中できちんとした政策論争などできるわけがないんだ。

個別政策の違いがそれほどないなら、両陣営の政治の違いとは何か。それは大阪(国)をどういう方向に導くのか、そしてそれをどう「実行」するのか、についてなんだ。個別の政策というよりも大きな方向性。本来はその違いをしっかりと論戦して、有権者に判断してもらわなければならない。

有権者の判断によって大きな方向性さえ確定すれば、個別具体的な政策は政治家や行政マンがその方向性の中で実行していく。選挙報道で流れている各政党・各候補者の1つや2つの政策など、候補者が当選した後にやらなければならない政策のうちの1000万分の1くらいのものだ。そんな1つや2つの政策について論じ合ったってしょうがないんだよ。だからといって、1000万ほどもある政策をすべて吟味できるわけがない。だから、「大きな方向性」で判断するしかないんだ。

僕が言いたいのは、「結婚相手を決めるのに、相手の一言、二言の甘言に乗るか?」ってこと。難しいけど、とりあえずその人物を一生懸命見て、なんとなくでも人物像を把握しようとするよね。どれだけ吟味しても外してしまうのが結婚だけど(笑)。

大きな評価をしたら、あとはその人物に今後の結婚生活を委ねていくしかない。後に生じる結婚生活上の出来事をすべて予測・吟味してから結婚を決めることなんてあり得ないし、**その人物であれば、今後生じるであろうさまざまな事柄についても、まあなんとか許容できるだろうというある種の諦めが結婚であり、それと同様の評価・**

選択が選挙における政党や候補者の選択というものだ。

ある政党・候補者が掲げる大阪（国）が進むべき「大きな方向性」と、その実行力を選挙の際に見込んだのであれば、その後その政党や当選した候補者が打ち出す個別具体的な政策についてはある程度許容する。どうしても我慢できなければ次の選挙で交代させる。選挙のときの選択ってそういうものなんだよ。

実際、大阪維新の会側も、自民党・公明党側も、大阪の成長を主張し、子どもたちへの施策を強調していた。カジノを含む統合型リゾート（ＩＲ）についても両陣営は基本的には賛成だ。だから、こんなことを細かく論じ合っても仕方がないんだよね。

◎その政党・候補者はどんな「支援者」を意識しているか

テレビの討論会や新聞の紙面では、各政党・各候補者の個別具体的な政策は同じようなものであっても、地域（国）を導こうとする大きな方向性やその実行方法はかなり異なるものだ。そして**その違いは、各政党・各候補者がどのような「支援者」「支持者」を意識しているかでわかる**んだ。

僕がいつも言っているように、**政治というのは口で言っているだけじゃダメ。実行してなんぼのもの。**そして、実行しようと思えば、有権者からの支持を受けて権力を持ち、それを維持していかなければならない。それで、各政党・各候補者は有権者からの支持を得ようと必死になる。そうすると、当選した各政党・各候補者は、その支援者層・支持者層を意識して政治をせざるを得ないことになるんだ。簡単に言えば、応援してくれた人、応援してくれる人に配慮した政治になる。これが民主政治の現実。

だから、各政党・各候補者が、地域や国をどのような方向に導こうとするのかは、各政党・各候補者がどのような支援者層・支持者層を意識しているのかを見れば一目瞭然になる。

自民党・公明党側の候補者である小西禎一さんと柳本顕さんに対しては、旧民主党政権の流れを汲む国民民主党・立憲民主党や共産党までもが自主的に支援し、自民党を支援するあらゆる各種業界団体や、旧民主党を支援する労働組合組織の「連合」、部落解放同盟、そして共産党支援団体などが支援をしていた。

だから、小西さんと柳本さんが当選した場合は、これらの支援者層を意識した政治をしていくことになる。

他方、大阪維新の会側の候補者である松井さんや吉村さんには、大阪維新の会以外の政党の応援はなく、その結果、各種団体はまったく引っ付いていない。ゆえに、松井さんと吉村さんは当選後、そのような団体にべったり配慮する政治をやらなくてもいい。ここが両陣営の決定的な違いなんだ。

現代の民主政治においては、イデオロギーや思想、右や左、保守やリベラルなんて概念は、それほど重要なことではない。選挙を繰り返すことによって、何が有権者から支持を得られて、何が支持を得られないのかがだんだん明らかになってくる。政治家は、有権者に支持されなければそれで終わりだから、自分のイデオロギーや思想、立ち位置よりも、有権者からの支持のほうを選ぶ。結果、各政党・各候補者の個別具体的な政策はだんだん似通ってくる。

安倍政権だってそうだ。安倍晋三首相も、一国会議員のときには、自分の思想や政治信条を前面に出していた。しかし首相になって自分の思うところを実現しようと思えば、政権の維持に力を入れざるを得ず、そうなると自分の思想や政治信条よりも、有権者の意向を汲むことが第一になる。**結局、民主国家の政治家は、有権者の意向次第なんだ。**

この点をポピュリズムだと批判するインテリたちが多いけど、僕は有権者の意向を完全に無視する政治よりも、有権者の意向に配慮する政治のほうがまだましだと思っている。

もちろん政治家がすべて有権者の意向に従う政治をやっては、その地域（国）はダメになる。「これは！」というところは、政治家側が有権者の意向を変えていく働きかけをしなければならない。有権者の意向は重要だけど、それに絶対的に従うだけでもダメで、政治家の意向に有権者を惹きつけていく作業も必要になってくる。このバランスが民主政治にとって最も重要で、かつ難しいところだ。

いずれにせよ、有権者が選挙において選択する際には、各政党・各候補者が公約として掲げる1つ2つの主要政策に振り回されることなく、彼ら彼女らはどのような支援者層・支持者層に支援・支持を受けているのか、そのことによってどの支援者層・支持者層を意識しているのかを検証して、各政党・各候補者がその地域（国）をどの方向に導こうとしているのかという「大きな方向性」を見極めることが重要だ。

◎あなたが選んだ政治家には「実行力」があるか

「大きな方向性」の見極めと同時に、もうひとつの見極めポイントになるのが「実行力」だ。候補者が当選した後に、これまで言っていたことをきちんと実行できるのか。選挙における各政党・各候補者の論戦において、有権者が最も吟味しなければならないのはこの点だ。本来メディアもここに焦点を絞って論戦を仕切るべきなんだ。

口で有権者が好むようなことを言うのは簡単。それを実行するのが本当に大変。どう実行するのか、そこをきっちりと確認するのが、メディアや政治評論家の役割であり、有権者の務めでもある。この確認こそが民主政治のレベルを上げる最大のポイントだ。有権者側からの実行力の確認が厳しくなれば、政治家側はいい加減な口だけの約束はできなくなる。しかし、残念ながら今の日本の選挙戦において、政治批評・政治評論側は、まだまだその確認ができていない。

大阪の成長のためには、万博の成功やカジノを含む統合型リゾート（ＩＲ）誘致のほか、これまで松井・吉村体制で実現してきたこと以外にもまだまだやらなければならないことがたくさんある。大阪全体の鉄道網整備、リニアモーターカー・北陸新幹線の新大阪乗り入れ、大阪湾岸部や大阪城東側の森之宮再開発、その他の再開発などなど。

他方、住民の生活に目を向ければ、教育施策の充実、虐待防止政策、待機児童解消政策、高齢者対応施策の充実などなど、少子高齢化時代に向けて「待ったなし」の状態だ。やることは決まっている。あとはそれをどう「実行」するのか。

大阪維新の会側は、これまでの大阪府庁・大阪市役所体制と知事・市長体制を抜本的に改めて大阪都庁・特別区役所体制、都知事・特別区長体制を構築することによって実行すると主張した。

これは、「今の府市の体制では何もできない」と言っているわけじゃない。今のままでもやれることはもちろんあるだろう。でも、それらは府市の話し合いで進めることができる簡単な事例ばかりで、難しい政策や事業は府市の話し合いがつかず、結局何十年も放置されてきたのが大阪の不幸な現実だ。そして、このように**何十年も放置されている政策や事業こそ、大阪の成長にとって本当に必要なものなんだ。**

大型プロジェクトで数百億円、数千億円のお金がかかるものに関しては、必ずお金の出し方で府と市が揉《も》めてしまう。これが府と市の最大の対立点になることが多いけど、お金の出し方に限らず、細かなことでも府と市はいつも対立する。

明治維新のときに作られた府と市の制度は、明治時代、大正時代まではその役割分担がある程度うまくいっていた。それは都心部の大阪市と、郡部の大阪府というかたちで大阪の都市構造が明確に分かれていて、府と市が分断されているほうが役割分担がしやすかったからだ。しかし昭和、平成になり、都市部と郡部の境目がなくなり、**大阪がひとつの都市となった現代においては、府と市の分断が、大阪の発展を阻害するようになってきた。**府と市が分断している状態では、府と市が一体となってやらなければならないビッグプロジェクトを実行することができず、大阪にとって本当に必要な政策や事業が何十年も放置されてしまったんだ。

松井・吉村の調整によって、これまで何十年も放置されてきたビッグプロジェクトがかなり進められてきたけど、大阪では今後もそのようなビッグプロジェクトが目白押しになる。そのときにこれまでの府と市の体制のままで円滑に実行できるのか、今回のダブル・クロス選挙において、有権者はその点にきちんと意思表示したのだと思う。「今の府市の体制のままではダメだ」とね。

◎維新の必死さを他の政党は持っているか

ゴールにたどり着くためには、１０００段の階段を上らなければならないとする。そのときに10段目の階段が上れないからといって、１段目から諦めてしまうのか。諦めてしまえば永久に１０００段目には達しない。

たとえ10段目の階段を上れるか確信がなくても、目の前の1段目を上ることに全力を尽くす。まずは目の前の1段目を上り、そして次に10段目に挑戦する。その繰り返しによって、やっと1000段目にたどり着く。

2010年の年頭に大阪都構想を打ち出してからは、茨の道の連続だった。そこから2015年5月の住民投票に至るまでの約5年半。振り返ってみると、いったい何段の階段を上っただろうか。

「大阪都構想なんて絶対に不可能だ」とずっと言われ続けてきた。**コメンテーターの大谷昭宏なんて、僕が階段を上り、壁を突破するたびに、「もうここで終わり、次はない」なんて言っていた。**「大阪都構想には法律の改正が必要だが、国会では大阪都構想なんて歯牙にもかけてない」と言いやがった。

それでも僕は毎回、目の前の階段を上ることに全力を尽くした。もっと上のほうの階段で万策尽きるかもしれない。でも、目の前の階段を上らないことにはゴールには絶対にたどり着けない。

散々批判を受けた僕の、2014年3月の出直し市長選挙。相手陣営は対立候補を出さずに、投票率は23％程度。「税金の無駄だ」「民意を得ていない」などと散々言われた。

しかし、この出直し市長選挙の公約に掲げた「法定協議会委員の入れ替え」という超強硬策を断行し、その後もいくつもの壁を乗り越え、常に目の前の階段を上りながら、なんとか法定協議会において大阪都構想の設計図の可決にまで持ち込んだ。

大阪都構想の設計図は法定協議会で話し合われるんだけど、協議会委員は都構想反対派が多数だった。そこで、ルールの盲点を突いて、賛成派に入れ替えるという強硬策を思い付いた。しかし、さすがに委員の入れ替えについては民意の了解を受けようと思い、出直し市長選挙に打って出たというわけだ。

この出直し市長選挙では**「どうか僕に一票を託してください」なんて一度も言わなかった**。「もし委員を賛成派に入れ替える、そんな強硬策はダメだと言うなら俺を落としてくれ！」と市内中言い回った上で、選挙に当選した。だから公約通り、法定協議会委員を賛成派に入れ替えて、都構想の設計図を完成させた。

次は大阪府議会、大阪市議会での議決だ。維新の会は両議会において過半数議席を有しておらず、万策尽きたかと思いきや、突如衆議院解散総選挙となった。それを最大限活用して公明党と折衝し、最終的には公明党の協力を取り付けて府議会、市議会で可決となり、住民投票までたどり着いた。

大阪府議会、大阪市議会において、「維新の会は過半数議席を有していないのだから、最後は議会が絶対に否決するだろう」「無駄な大阪都構想などはやらないほうがいい」という判断もあったと思う。出直し市長選挙も、その後の法定協議会による大阪都構想の設計図作成プロセスも膨大なエネルギーが必要で、そんな無駄なことはもう止めようという空気が役所内にあったのもたしかだ。

でも僕は、府議会、市議会での最後の議決がどうなるかは別として、まずは目の前の階段をとにかく上ることに集中し、政治家としての全エネルギーを注いだ。それによって大阪都構想の設計図が完成し、最終的には住民投票までたどり着いた。あそこで設計図の完成を諦めていたら、衆議院が解散されたとしても、住民投票まではたどり着けなかった。

道を拓くには行動しかない。目の前の階段を上り続けるしかない。

松井さんや吉村さんは、今、目の前の階段を上るチャレンジを続けている。たどり着くかどうかわからないゴールを目指して。

だけど、この大阪ダブル・クロス選挙については、国会議員、特に野党の国会議員が一斉に批判をしていた。この姿を見て、なぜ国政の野党が有権者の支持を集めることができないのか、はっきりしたね。

大阪維新の会は、公約を実現するために、とにかく必死に階段を上ってきた。その姿勢が有権者に強く支持されているんだ。**国政の野党には大阪維新の会の必死さのようなものが足りないから、支持が集まらないんだ**よ。

大阪維新の会は、選挙でも全力で戦う。野党の国会議員は、国会では激しく政府与党に対して批判を繰り広げているのに、大阪においては大阪維新の会をやっつけるために、自民党から共産党までが手を組む。政府与党の自民党もだらしないが、野党も単独で維新を潰すことができないのか。

これは大阪に限ったことじゃない。地方の首長選挙になると、安易に与野党相乗りになる。**そんな生ぬるい選挙をやっているから、地域を大きく動かすエネルギーを発**

することができず、有権者からも強い支持を得られないんだよ。

大阪維新の会の政策にすべて賛同しろと言っているわけじゃない。ただ、大阪維新の会の政治姿勢を一定評価することもできないのか、と言いたいんだ。

ケンカをするにしても、相手に一定の敬意を示した上でケンカをするのと、相手を徹底的にバカにして、コケにした上でケンカをするのとでは大きく異なる。

国政の野党は、今のところ安倍自民党にまったく歯が立たない。ところが大阪では、自民党は単独では大阪維新の会に歯が立たない。なぜ大阪維新の会が強いのか冷静に分析できない国政野党は、永久に政権奪取なんてできないだろうね。

◎なぜか批判されるダブル・クロス選

ダブル・クロス選には当初、税金の無駄遣いだという頓珍漢な批判も出ていたが、さすがにメディアやインテリたちも間違いに気付いたらしい。

そもそも統一地方選挙は、1947年からその名のとおり首長選挙と議員選挙を同時に行ってきた。投票率向上と経費節減目的のためだ。ところが、首長が途中で死亡したり、辞任したり、議会が解散したり、市町村合併があったりして、選挙日がずれてきた。毎日新聞では、「統一率が3割を切った」と、首長選挙と議員選挙がバラバラに行われる地方選挙を問題視する記事を載せていたほどだ。

首長と地方議員の選挙は、投票率向上や経費節減のためにできる限り同日に行うことが望ましい。ところがその方策を国会議員はきちんと考えておらず、ズルズルとバラバラになっている状態だ。このままいけば、地方の選挙はどんどんバラバラになってしまう。

松井さんと吉村さんの**今回のダブル・クロス選の策は、大阪の首長選挙と地方議員選挙を統一するための方策で、最も税金の節減効果が高い選挙方法**なんだよ。国は怠慢でバラバラの地方選挙を放置していたところを、大阪が今回のダブル・クロス選によって、「統一」地方選挙の原則に戻しただけなんだ。

松井さんと吉村さんの任期満了をもって2019年11月にダブル選をするよりも、

地方議員選挙に合わせて4月の段階でダブル・クロス選をしたほうが、10億円以上の経費削減になるらしい。しかも、投票率も上がる。

税金の無駄遣い選挙と言えば、明石市長選挙のほうだよ。その暴言が理由で2019年2月に辞職した泉房穂さんは、3月の明石市長選挙に出馬すると言い出した。しかし、辞任後の出直し市長選挙となったため、泉さんが仮に当選したとしても、その任期は当初の任期である4月までのなんと1カ月ほどだ。2月に辞任して、なぜ1カ月ほどの任期のために3月に出直し市長選挙に出馬したのか。それは、他の人間が明石市長に就任してしまうと、次の選挙まで4年間待たなければならないからなんだ。

泉さんは、「明石市民の判断を仰ぐ」と言っていたけど、そんなことだったら2月に辞任せず、当初の任期である4月を待って、4月の統一地方選挙で判断を仰げばよかったじゃないか。そこをあえて辞任したから、僕はてっきり泉さんは一旦市長職から身を引くという潔い責任の取り方をしたんだなと思って、その点は評価していたんだよ。

ところが、泉さんは結局市長職に未練があって、4年間は待てなかったんだろう。だから、たった1カ月ほどの任期になる3月の出直し市長選挙に出馬した。これほど税金を無駄に遣った選挙はない。泉さんの政治判断は完全に間違っているし、このような事態を一切批判せずに、**大阪のダブル・クロス選だけを必死に批判していたメディアやコメンテーターのインテリたち、そして国会議員たちは、もう少し深い洞察力を持て**っていうんだ。

【質問5】一度ダメになった大阪都構想になぜ「再挑戦」するのですか？

【答え】
大阪都構想を掲げる松井＆吉村がダブルで圧勝した大阪ダブル・クロス選の結果を見れば当然

◎大阪都構想否決から、大紛糾の「大阪会議」へ

インテリたちが、どれほど「この選挙は無意味だ」「ワン・イシュー選挙はダメだ」と批判したところで、大阪ダブル・クロス選挙のあの盛り上がりは止められなかった。同時期に全国で統一地方選挙が行われたけど、大阪の選挙以上に盛り上がった選挙はどこにもなかった。

もちろん、今回の大阪ダブル・クロス選挙について、問題点をあげようと思えば色々出てくるだろう。しかし、何度も言うように、**政治に100%完璧なものはない。より「まし」な選択が政治なんだ。**

2019年3月17日の朝日新聞1面、2面では、地方選挙が先細りになっていることを懸念していた。そりゃそうだ。インテリたちが言うような綺麗事の選挙をやっていたら、どんどん住民の関心を失って、先細りになっていっても仕方がない。大阪のダブル・クロス選挙のような前代未聞の選挙をやらないことには、地方選挙なんて盛

り上がらないんだよ。

大阪のダブル・クロス選挙は、大阪の進むべき道を決める重要な役割を担っていた。このダブル・クロス選挙がなければ大阪の進むべき道が決まらなかったと言っても過言ではないんだ。他方、普通の地方選挙なんて、それがあろうとなかろうと、ダラダラとこれまで通りに地方の政治行政は進むので、はっきり言って選挙の重要性なんてない。だから住民もそれほどの関心を寄せない。「俺たち私たちが一票を投じても、何の影響もない」という感じなんだろう。

しかし、今回の大阪のダブル・クロス選挙は違う。大阪の進むべき道を決めるために重要な選挙で、そして両陣営が激しく対立し、最後は有権者の一票によって決定するというプロセスがあるからこそ、大阪が動くんだ。こういう政治プロセス・政治運動こそが、地域を動かすエネルギーやエンジンになるんだよね。

今回は、大阪府知事、大阪市長のダブル・クロス選挙に加えて、大阪府議会議員、大阪市議会議員の選挙も加わって、久しぶりの4重選挙になった。議員選挙も当然、大阪都構想の議論の継続か終了かが争点となった。**大阪中が、大阪の進むべき道を決**

める選挙一色になったよ。

大阪ダブル・クロス選において、自民党から共産党までの既存の政党ががっちりとタッグを組んだ敵方は、「2015年5月17日の住民投票によって大阪都構想は否決されたので、大阪都構想の議論はもはや終了した」と強調していた。インテリたちの主張にもこの手のものが多かったよね。

でも、この意見は、2015年5月17日の住民投票後の大阪での重大な政治プロセスを完全に見落としている。

住民投票は僅差で大阪都構想否決となった。そのことによって僕は、2015年12月18日の大阪市長の任期満了をもって政治家を引退する旨の宣言をした。

そして、大阪都構想が否決となったので、僕は大阪都構想反対派が唱える「大阪会議」を設置した。**大阪都構想は、大阪府と大阪市を一本化するというものだった。対する大阪都構想反対派は、大阪府と大阪市はそのまま存続させ、府と市が話し合う大阪会議を設置すれば十分だと主張**して、大阪都構想に反対したからだ。

当時、僕は、大阪の発展のためには大阪都構想しかないと確信していたけど、大阪都構想否決という住民投票の結果に従ったんだ。自分の信条よりも、有権者の意思に従うのが民主国家の政治家のあるべき姿だと思ったからね。元々ＥＵ残留派だったのに、ＥＵ離脱の国民投票の結果を受けて、離脱に向けての舵取りをやったイギリスのメイ前首相と同じだよ。

では大阪会議を設置して、どうなったか。

大阪会議は大紛糾。大阪府知事、大阪市長、それに堺市長までが加わり、さらに府議会議員、大阪市議会議員、堺市議会議員の総勢30人が集まる会議になったんだけど、こんな会議でいったい何を議論して、何を決めるっていうんだ。こんな会議で議論なんかできるわけがない。

一般的によく耳にする有識者会議なるものは、役所の事務局が案をまとめて有識者からコメントをもらって、「シャンシャン」で終わらせるものがほとんどだ。すべては役所の事務局が仕切っている。だから有識者が30人いてもなんとかまとまるんだ。

しかし、大阪会議は考え方の対立する政治家が集まって激しく議論する場だ。しかも、大阪の政治家、特に大阪維新の会の政治家は、役人がまとめた案を追認するようなそんな生ぬるい政治はやらない。

だから**大阪会議は、まず何を議題とするかで大揉めに揉めた。**役人の事務局もまとめることができない。大阪維新の会は、現実に二重行政となっているであろう課題について、それを解決する改革案を議論すべきだと主張し、対する敵方は、まずは大阪の経済分析をやるべきだと主張する。もう、入り口論からまったく進まないんだよね。

それで、2015年8月に大阪会議を集中して何度か開いたんだけど、議題すら決まらないまますぐに閉会。その後、大阪会議は開かれないままとなった。あれだけ大阪都構想反対派は「大阪会議で府市が話し合えばいいんだから、大阪都構想なんて不要だ」と言っていたのに、その話し合いがまったくできなかったんだよ。

◎大阪都構想反対派の「話し合えばいい」はごまかしだ

そこで「やっぱり大阪都構想が必要じゃないか！」ということになって、2015

年11月、大阪維新の会は、僕が引退した後の大阪市長候補として、吉村さんを擁立した。大阪府知事候補は引き続き松井さん。対する敵方は、府知事候補として大阪府議会議員だった栗原貴子さんを市長候補として、今回（2019年）の市長候補でもある柳本顕さんを擁立し、大阪都構想の終了を訴えた。

大阪維新の会は、もちろん大阪都構想への再挑戦を公約の前面に掲げた。そして松井さんと吉村さんがダブルで圧勝した。

この経緯を踏まえれば、松井さんと吉村さんが大阪都構想に再挑戦するのは当たり前だ。むしろ、有権者の意思を尊重するなら、敵方こそ一旦は大阪都構想を進める姿勢を示さなければならないはずだ。僕も大阪都構想の住民投票に敗れ、一旦は敵方が主張する大阪会議を進めたんだから。

それでも大阪都構想反対派が、相変わらず大阪都構想の再挑戦に反対するのであれば、反対派がこれまでずっと都構想の反対根拠として強調してきた「府と市が話し合えばいい」という主張をしっかりと検証すべきだ。つまり、府と市が話し合う「大阪会議」がどういう顚末になったのかをしっかりと検証すべきなんだよ。

もちろん、大阪都構想反対派からは、「大阪会議は橋下がしっちゃかめっちゃかにして潰した」という反論があるかもしれない。しかし結局、「話し合い」とはそういうものだ。

大阪都構想の設計図を作る法定協議会も、反対派が猛抵抗するせいで、話し合いが一向に進まなかったじゃないか。**政治的対立が激化し、一方の当事者が誠実な話し合いを拒否したときに、事態を収拾できなくなるのが「話し合い」というものだ。**

そもそも今回（２０１９年）の知事候補だった小西さんが大阪府副知事のときに、大阪市副市長との話をまとめることができなかった懸案事項がたくさんある。係長レベルでまとめることができなかったものが、課長に上がり、課長でダメだったものが部局長に上がり、そこでダメだったものが副知事・副市長に上がる。それでもダメだったものが知事・市長に上がってくる。

今、府と市が力を合わせて、万博の誘致や外国人観光客の集客、大阪の鉄道・高速道路インフラ整備や「うめきた」などの大規模開発、さらには防潮堤などの大規模な災害対策など、大きな実績を上げたことで、大阪の経済指標が軒並み右肩上がりになっていることは周知の事実だ。これは、副知事・副市長レベルでもまとめることができなかった懸案事項を、松井さんと吉村さんが不眠不休で何とかまとめているからできるんだ。

僕が松井さんと吉村さんと食事をするときでも、彼らはずっと府と市の懸案事項を調整している。これが今の大阪府と大阪市の実態だ。

僕はそんな不安定な府市の話し合いや、知事・市長のトップによる調整よりも、府庁と市役所の組織自体を一本化したほうがよりましだと考えた。府庁と市役所を一本化すれば、役所内でどれだけ議論が紛糾しても、最終的には組織において決定権を持っている者が組織として意見を一本化できる。議会も大阪都議会として一本化すれば、都議会の多数で意見を一本化できる。大阪会議として府庁、大阪市役所、堺市役所、府議会、大阪市議会、堺市議会の6つの主体がそれぞれ決定権を持って話し合うよりも、府庁と市役所を一本化して、後に堺市役所も一本化に加え、その決定権者が意見を一本化する大阪都構想のほうが、はるかに意思決定がスムーズだと思う。

小西さんは副知事経験者として、府と市の話し合いでまとめることができなかった

ことを自らたくさん経験したにもかかわらず、大阪都構想に反対するために「府と市が話し合えばいい」と主張していた。これは完全なごまかしだよね。

大阪都構想は100％完璧なものではない。都構想が実現したからといってすぐにバラ色の大阪になるわけでもない。問題点をあげればいくつも出てくるかもしれない。しかし、今後ますます時代の流れが速くなり、状況に応じた大阪全体の意思決定をスムーズにやらなければいけないときに、これまでの大阪府と大阪市の体制のまま、知事・市長が不眠不休で府と市の間を調整しなければならないというのは、大阪都構想が持つ問題とは、比べ物にならないくらい大問題なんだ。

実際に、府庁・市役所という組織を運営していた知事・市長を経験すれば、それくらいのことはすぐにわかる。本来、副知事でもわかることだ。

知事の仕事は大阪のリーダーたる仕事だ。これまでのような**府・市の調整役から解放し、大阪のリーダーたる仕事に集中させるためにも、府と市を組織的に一本化する大阪都構想が必要なんだ。**

ちなみに**京都大学の藤井聡は、「大阪都構想になれば大阪市民の税金が吸い上げられ、**

大阪市の周辺市町村に使われる」という、いかにも閉ざされた大学内で生きている学者バカの批判をしている。

だけど、大阪府職員として約40年間勤め上げ、副知事も務めたスーパー公務員の小西さんがはっきりと言っているよ。「大阪都構想は大阪市内に行政のエネルギーが集中してしまう。そこが問題だ」と。そうなんだ、大阪都構想は大阪の都心部をさらに強力に発展させ、それを大阪全体に広げていく構想なんだ。

藤井も税金使って自由時間を与えられているんだから、もう少し現実の政治行政というものをしっかり勉強しろよな。

◎対立候補・小西さんは、橋下府政の立役者だった

今回のダブル・クロス選挙で大阪維新の会の敵方となった自民党・公明党の府知事候補、小西禎一さん（元大阪府副知事）は、僕が２００８年に府知事に就任してから、

僕の府政改革を支え、実行してくれた橋下府政の立役者だ。

僕が府知事に立候補したとき、大阪府の財政に約5500億円の穴が開いていることが発覚した。大阪府は府債返済のために積み立てていた減債基金5500億円を使い込み、積み立て直す目途がまったく立っていなかったんだ。府知事になったら、あれをしよう、これをしようと色々と考えていた僕の計画は、これですべて吹っ飛んだ。国と違って、中央銀行・通貨発行権（お札をする権利）を持たない大阪府は、とにかく財政赤字の出血を止めなければならなかった。

それで僕は、知事就任直後、すでに太田房江前知事によって組まれていた次年度予算を凍結するという、前代未聞の強硬策をとった。それが2008年2月のことだ。予算を当て込んでいた府庁組織の各部局はもちろんのこと、補助金をもらう各種団体や府内市町村までもが猛反対する中、僕は次年度予算の凍結を断行し、財政再建の取り組みに全力を挙げた。

計算によると、1年間あたり約1100億円の収支改善をしなければならないという。大阪府はそれまでも行財政改革を何度もやってきていたため、府庁の幹部は、さらに約1100億円の収支改善をすることは絶対に無理だと口々に言った。

そこで立ち上げたのが、財政再建プロジェクト・チームだ。大阪府の中堅・若手の優秀な職員を集めたチームで、そのリーダーに就任してもらったのが小西さんだ。当時の人事の最高責任者である総務部長の中西正人さんが人選してくれた。ここから僕と小西さんの付き合いがはじまる。

予算凍結にも期限がある。2008年7月にはきちんとした予算を組まなければ、大阪府の政治行政が回らなくなる。だから、小西さんの財政再建プロジェクト・チームに与えられた時間は、6月に案をまとめ、7月の議会で議決をもらうという非常にタイトなものになった。

約4カ月で一般会計約2兆5000億円の大阪府の予算を総点検し、これまでの行財政改革によってすでに絞り切ったと言われていた予算から、さらに約1100億円の収支改善を実行するというスーパー・ハードなミッションを僕は小西さんに課した。

行財政改革というのは、ほんと難しいよ。小西さんはそれまで7年間、行財政改革にチャレンジしていたらしいけど、それでもやり切れなかったと言っていた。それは、補助金予算を削減しようとすれば、必ず強烈な抵抗が生まれるからだ。

まずは、府庁内において予算を要求する各部局が抵抗する。各部局は、自分たちの味方になってくれる府議会議員や各種団体とタッグを組んで抵抗する。**府議会議員は議会で補助金削減案に反対し、知事を支える与党議員は次の選挙で応援しないことをちらつかせる。**さらに知事を知事選挙で応援した各種団体も加わって、次の選挙では応援しないことをちらつかせてくる。

このような激しい抵抗に遭って、最後、知事が行財政改革の本丸部分で腰砕けになってしまうのが、これまでの行財政改革の実態だった。

だから僕は小西さんに、「各部局や各種団体との調整は不要。各部局や各種団体と調整した上で改革案をまとめようとすると、必ず激しい抵抗に遭う。だからまずは小西さんのチームで、約1100億円の収支改善を達成するためのあるべき改革案を作成してほしい」と指示した。

通常は、行財政改革チームが各部局との間で補助金予算の削減調整をし、合意がとれたものを改革案として積み上げていく方式をとるんだけど、このときは小西さんのチームが各部局の頭越しに、一方的に補助金削減案を作る方式をとった。

このやり方を進めるにあたって、小西さんのチームを、僕の直轄チームと位置付けた。小西さんのチームが、知事である僕の威光を思いっきり使えるようにしたんだ。ちょっと前の**加計学園問題のとき、霞が関官僚が首相の威光を使ったかどうかが問題になったけど、役人が大改革をやろうと思えば、最高権力者の力をフルに使わないとできないんだよ！**　あとは、それが違法・不正でないかどうかをチェックするだけだ。違法・不正でなければ、官僚たちが大改革のために最高権力者の威光を使うのは当たり前のことなんだ。

小西さんのチームが改革案を作成するにつれ、大阪府庁内だけでなく、大阪中が大騒ぎになった。小西さんのチームが、どんな予算を削減していくのか。府庁内の各部局や各種団体、府内市町村、関係者が戦々恐々とした。

小西さんのチームは朝から夜中まで一心不乱に働きに働きまくった。今で言う「働き方改革」なんてお構いなし状態だった。抵抗勢力の凄まじい攻勢にも遭っただろうけど、それを振り切り、改革案をまとめ上げていく。予算のうち、何を残し、何を削るのか。悩みに悩んでいたと思う。小西さんは、当時府庁内にもあった喫煙室でタバコを燻《くゆ》らせながら、長時間考え込んでいたという。

僕は、①府庁職員の給与削減、②府民への補助金削減、③府保有の資産売却をバランスよく行って、約1100億円の収支改善を実行するように指示した。**府民の補助金だけを削るのでは府民が納得しない。だから、府庁職員にも血を流してもらわなければならない。もちろんその前提として、知事給与の3割カット、退職金の5割カットも決めた。**その上で、当時は誰もやったことのない公務員退職金のカットも指示した。

改革案をまとめる実務は小西さんに任せ、僕は政治的号令を発し続けた。財政非常事態宣言を出して、府民に危機感を持ってもらったんだ。「府庁職員も血を流すので、府民の皆さんも一定の我慢をしてほしい」と。

「府立施設は図書館以外は廃止！」「府立大学への補助金も廃止！」など極端なメッセージも出した。僕は、府内にあるすべての府立施設を視察に回り、存続を求める住民たちに理解を求め、府内43市町村の役場を全部回って、43市町村長に補助金削減に対する理解を求めた。そういえば、**大相撲の北の湖親方からは大阪府立体育館の存続**

を求められ、フィギュアスケート高橋大輔選手からは府立スケートリンク（臨海スポーツセンター）の存続を求められたな。職員組合とは、大阪府政はじまって以来初めての、知事自らの組合交渉を行った。おそらく、全国の自治体でも知事・市町村長の首長自らが組合交渉をした例はまずないだろう。

僕は2つの職員組合と徹夜交渉をやった。交渉が終わったのは朝の9時を回っていたと思う。これまた大阪府政初の交渉決裂。それまでは必ず人事担当と組合で交渉は妥結していたんだけど、このときは僕も血気盛んで譲歩しなかった。しっかりと交渉して、その上で大胆な職員給与カットと退職金カットを断行した。

この組合交渉のとき、**夜中の何時だったか、僕の頭がボーッとしてきたところで、前のほうから「橋下、橋下」と名前を呼ばれたんだ。誰が呼び捨てにしてきたのかと思って顔をあげたら、なんと僕の中学のときの先生だった**よ（笑）。組合側も考えたことをしてくれるよな。

メディアでも連日、この財政再建の取り組みの様子が取り上げられ、まあ色々と厳しい批判を受けたけど、僕は批判を受ける役割、小西さんは改革案をまとめる役割だ。

僕のその姿勢は、小西さんにも伝わっていたと思う。それで小西さんは、期限内に100%以上の仕事をしてくれた。

ただし、予算が削減される府庁内の各部局の怒りを収めないことには、それ以後組織が回らなくなる。そこで僕は、小西さんのチームと府庁内各部局との公開論戦の場を作った。両者が向かい合い、僕が裁判官のように真ん中でその議論を聞く。

このときの小西さんチームの準備と論理的鋭利さはすごかった。予算を要求する各部局は小西さんチームに押されていた。行政の高度な知識がない僕にも、小西さんチームが優勢であることが伝わってきたほどだ。

その議論を聞きながら、最後の最後に、僕は障がい者を守る予算と治安維持のための警察予算は維持すると決定した。

6月、小西さんのチームは見事に年間約1100億円の収支改善案をまとめ上げたが、今度は議会でそれを通さなければならない。小西さんチームは、議会調整に奔走した。

彼ら彼女らは各議員にあの手この手を使ったのだろう。そこは過去の貸し借りの人間関係を使ったり、どうしてもというときには（議員の地元に予算を付けるなどの）予算で釣ったりしたのかもしれない。僕は、府内の道路工事も一旦すべてストップしていた。**道路工事が止まった地域の府議会議員は怒り狂っている。**小西さんは、ここに何らかの取引きを持ち掛けたのかもしれない。そのあたりはすべて小西さんチームに任せた。僕は僕で政治家として、府議会議員のキーパーソンと政治折衝を重ねた。

そして、7月議会。小西さんチームがまとめた約1100億円の収支改善は、若干の修正はしたものの、ほぼ原案通りで議会を通過した。

◎小西さんの生き様を懸けた戦いに敬意を表する

茶髪の弁護士としてやっていた38歳の兄ちゃんだった僕は、知事に就任してからも政治家としてはそれほど信用されていなかったと思う。特に政治行政の世界に住んでいる玄人《くろうと》からは、「橋下に何ができる！」と思われていただろう。

ところがこの約１１００億円の財政再建案をまとめて議会を通したことによって、僕の政治家としての信用力が著しく高まった。これを機に、僕の支持率が高まり、政治力が強まり、そして「大阪維新の会」の結成という流れになっていく。

政党を作るなんてことは、そうは簡単にはできない。既存の政党と選挙で戦って勝たなければならないんだから。有権者からの強い支持を得なければ既存の政党相手に勝つことはできない。それができたのは、この小西さんチームによる財政再建の大改革を実行したからだ。

その後、僕は小西さんを、大阪版地方分権改革プロジェクトのチームリーダーに任命する。小西さんは、ここでも見事に仕事を達成してくれた。それまでは全国的にも下位にランクされていた府から市町村への事務権限の移譲を、見事に全国１位のレベルに引き上げてくれた。今、大阪府内には医療・福祉・教育のサービスを提供するのに強力かつ効率的な中核市が続々と誕生しているが、これは小西さんの大阪版地方分権改革の成果だ。ちなみに東京都にある中核市は八王子市の一つだけだ。

さらにその後、僕は小西さんを、先ほど述べた大阪湾岸部のＷＴＣビル買収プロジェクトのチームリーダーに任命した。ボロボロの大阪府庁舎を建て替えるかどうか、これが府庁内での大きな議論の対象になっていた。**職員も議員も大勢は建て替え派。そりゃ、綺麗で豪華な庁舎で仕事をしたいだろうからね。**しかし、建て替えに真っ向から反対していたのが、当時自民党若手議員だった松井さん。「庁舎建て替えなんかに金を使ってる場合じゃない！」という主張で、この正論には、建て替え派もなかなか反論できずにいた。

そこで僕は、当時大阪市が（厳密には第3セクターの株式会社を通じて）莫大なお金を投じて建てたにもかかわらず事業破綻させてしまったWTCビルという高層ビルを格安で購入して、それを大阪府庁舎にしようとした。このWTCビルは、大阪湾岸ベイエリア部にそびえ立っていて、これを当時廃《すた》れていた大阪ベイエリア部の活性化の起爆剤にしようと考えたんだ。大阪の賑わいを「ニシ」「ベイエリア」にも作るという大方針を打ち出した。

しかし、議会は猛反対。職員も猛反対。大阪城のすぐ横にある現大阪府庁舎を、その場で建て替えるのが筋だと言う。

小西さんをリーダーに任命したのは、１度目の議会による否決を食らって、２度目に挑戦しようとしたときだ。小西さんは、このときも１００％以上の仕事をしてくれた。ビル買収についての投票において自民党内が大紛糾して、賛成・反対どちらに転ぶかわからない状況で、各議員が自席で起立する方式ではなく、賛成・反対の票を投票箱に入れる方式による採決に突入した。投票箱を開けて、議会事務局が票を読む。しばらくの沈黙の時間の後、賛成多数でビル買収で可決。**僕が一礼して議場を出ようとしたときに、号泣している小西さんとすれ違った。綛山《かせやま》哲男副知事も泣いていた。**このＷＴＣ買収騒動の過程で松井さんたちは自民党を飛び出して、大阪維新の会の芽を作った。

つまり、政治家・橋下徹、大阪維新の会を誕生させたのは小西さんなんだよね。

小西さんのこの仕事ぶりを評価して、僕は小西さんを府庁最高幹部である総務部長に抜擢した。幹部内の人事会議では時期尚早という声が多かったけど、僕はしっかり仕事をしてくれた小西さんの総務部長人事を決定した。

こんな**橋下府政の根底を支えてくれた小西さんだけど、基本的に僕の考え方には反**

対のところが多かったんじゃないかと思う。ここに書いたものは、スムーズに運んだものの一部であって、府の仕事はこの何百倍、何千倍とある。

小西さんとはぶつかった仕事もたくさんある。最も激しくぶつかったのは、職員基本条例を制定したときだ。

この条例は、職員の人事評価を厳格化することが柱だったんだけど、府庁職員を守る立場である小西さんは納得がいかなかったようだ。僕の案は、相対評価の導入といって、5段階評価のうち、一定の割合で無理やり下位評価を付けるというもの。小西さんは、きちんと仕事をやっている職員に無理やり下位評価を付けるのはおかしいという主張だった。だけど、当時下位評価が付いている職員の割合は、0・2%ほど。これはあまりにも評価が緩すぎるというのが僕の主張だった。

僕は小西さんが反論する機会を与え、この職員基本条例についての批判を許した。知事の考えに、府庁最高幹部が反対するという構図で、国政であれば閣内不一致のようなもの。小西さんは総務部の総力をあげて職員基本条例潰しにかかった。メディアも職員基本条例を批判した。僕は、このような対立状況を作りながら、2011年に大阪市長に転じる選挙において職員基本条例を晒し、選挙での勝利をもって条例制定を断行した。小西さんも、選挙結果が出た以上、僕の提案する職員基本条例に従った。選挙はこのように、見解の対立が激しいときにこそ活用するものだ。

小西さんは公務員という仕事に誇りを持っている。だから、公務員を徹底批判する僕に我慢がならない部分も相当あったと思う。

僕と小西さんの考え方の明確な対立軸は、「公務員の責任論」についてだ。僕は大阪府政の失敗には、政治家のみならず公務員組織も一定の結果責任を負ってもらわなければ困るという考えで、大阪府政の財政状況の厳しさから職員給与や退職金の削減を断行した。他方、小西さんは、公務員組織は政治家や知事の決定に忠実に従っただけであり、財政状況の厳しさについては公務員組織が給与削減などで責任をとるいわれはないという考えだった。

僕が知事に就任した直後に取り組んだ財政再建改革のときには、小西さんも僕の指示に基づき職員給与カットなどを実行してくれたが、**腹の底では、公務員を厳しくバッシングする僕に不満を持っていただろう**。それに加えて、小西さん率いる大阪府庁の総務部を、財務部と人事部に分ける案や、総務部市町村課が持っていた市町村交付金（市町村課の府内市町村に対する力の源泉）を廃止する案などを僕が打ち出したときには、小西さんは内心怒り狂っていたと思う。

そして最後は、大阪都構想だ。これは、それまでの大阪府と大阪市の役割分担を大きく変えるものだ。府庁職員、公務員としての仕事に人生を捧げた小西さんには、府庁と市役所の役割分担の大きな変更には納得いかないことが多々あったと思う。特に、大阪都構想を進めるにあたって、大阪府職員や大阪市職員が案の作成や議会との調整に膨大なエネルギーを費やし、議会から厳しく追及される姿を見て、彼ら彼女らをそこから早く解放してあげたいと思っただろう。

このように小西さんは、僕や大阪維新の会の考え方には、反対するところも多くあり、不満を抱いていたと思う。しかし、**僕に意見をすることがあっても、組織内において最後決まったことは必ず実行してくれた。ある意味スーパー公務員だ。**

ところが、小西さんも64歳（当時）。このままでは死にきれないと思ったのかもしれない。あの橋下に、大阪維新の会に勝負を挑んで、維新政治に、都構想議論に終止符を打ちたいと思ったのかもしれない。**公務員のときは公務員として一生懸命働き、そしてどうしても我慢できないところは政治的に決戦を挑む。素晴らしい生き様じゃないか。**

こんな候補者の生き様を懸けた、大阪ダブル・クロス選挙。ここで一票を投じることができた大阪府民は本当に幸せだよ。

それにしても、**あれだけ「維新政治を終わらせる!」「維新に仕掛けられたダブル・クロス選挙戦を受けて立つ!」と息巻いていた、花谷充愉《はなやみつよし》元自民党大阪府議会議員をはじめとする維新を敵視する府議会議員も大阪市議会議員も、結局誰も松井さんと吉村さんと勝負をしなかった。誰も知事や市長に立候補しなかったんだ。**彼ら彼女らは、負けるリスクのある知事選、市長選を避けて、結局、勝てる議員選に立候補し、議員として生き残る道を選んだ。

大阪の国会議員も口だけで、誰も政治生命を懸けて勝負を挑まない。負けるリスクを誰も負わないんだ。僕や大阪維新の会を、人生懸けて罵ってきた京大の藤井聡やその他の学者、そして大谷昭宏などのコメンテーターたちも誰も立候補しない。藤井聡なんてあれだけ偉そうに、「維新政治はダメだ」「大阪はこうあるべきだ」と語っていたんだから、知事になって己の主張を実行してみろっていうんだ。僕よりたった1歳上なだけで、まだまだ人生残ってんだからさ。

古賀茂明も、前川喜平も、公務員を終えたあとは政治に対する愚痴ばかり。それだけ愚痴を言うなら一度は政治家になって、自分がいつも言っていることを一度実行してみろっていうんだよ。

【質問6】府知事が市長に、市長が府知事になる「入れ替え」はアリなんですか？

【答え】
大阪府庁のことを知りながら
市長として大阪市役所を
運営できる、
こんな最高の人事はない

◎巨大組織の内部人事なら「知事・市長入れ替え」は最高の人事だ

2019年4月の大阪ダブル・クロス選挙では、松井一郎大阪府知事（当時）と吉村洋文大阪市長（当時）がそれぞれの立場を入れ替えて（松井さんが市長に、吉村さんが知事に）立候補したことに、強い非難の声が上がった。「**知事と市長の仕事は簡単に入れ替わることができるほど軽いのか**」と。こういう人たちは、組織の幹部の立場で組織を動かした経験がないんだろう。

組織の幹部を務め、組織を動かした経験がある人なら、こんな最高の人事はほかにはないことを痛感してくれるはずだ。会社の人事でも、ある人材の経験を最高に活かせる人事をするのが原則だ。こんなことは、人事を考える上でいちいち言うまでもない当たり前のことだ。

知事経験者が市長になり、市長経験者が知事になる。これは、松井さん（元知事）

が大阪府庁のことを十分に知りながら市長として大阪市役所を運営でき、逆に吉村さん（元市長）は大阪市役所のことを十分に知りながら知事として大阪府庁を運営できるということだ。もし大阪府庁と大阪市役所が、ひとつの巨大組織の中の一部門に過ぎないとしたら、こんな最高の人事はない。

大手新聞でも、この入れ替わり立候補（クロス選）を批判していた論説委員が多かったけど、彼ら彼女らは、組織を運営するための「人事」というものをしたことがないのだろう。大阪都構想について薄い批判をしている学者連中も同じ。**大阪都構想とは、「大阪府庁や大阪市役所という巨大な組織を運営するには、どういう組織の在り方が最適なのか」という組織運営論**であって、本来、巨大組織を運営・経営したことがなければ理解しづらい問題提起なんだ。だから、数人の研究室でちまちまやっている学者連中には、巨大組織の人事をまったく理解できないんだろう。**まずは学長くらいになって、組織運営を経験してから組織運営論について語れ**っていうんだ。

まあ、生ぬるい大学組織の運営を経験したくらいじゃ、大阪都構想の組織論の本質は理解できないだろうけどね。

また、吉村さんは知事経験がなく、松井さんは市長経験がないことから、**「知事（市長）経験がない者に知事（市長）が務まるのか！」という頓珍漢な批判もあった。**

そんなこと言い出したら、誰も新人として立候補できないよ。経験者しか立候補できないなら、現職かどこかで知事（市長）を経験した人間しか立候補できなくなる。僕だって最初に知事に立候補したときは、政治経験すらなかった。霞が関の中央官僚が知事・市長に立候補することもよくあるけど、彼ら彼女らだって新人として立候補するときには知事・市長の経験はない。世の中の知事や市長、村長の立候補者のほとんどはその経験がない。

小西さんだって柳本さんだって、知事・市長の経験はない。そのことにメディアも気付いたのか、さすがに「経験がない者が立候補するな！」という頓珍漢な批判はなくなった。

さらに、ちょっと小難しい理屈をこねる新聞の社説では、「広域行政を担当する知事と基礎自治行政を担当する市長は、仕事の中身が違うので入れ替わりなどできないはずだ」という批判をしていたけど、これも小難しい言葉をはがせば、「経験がない者が立候補するな！」という頓珍漢な批判と本質的には同じだ。むしろ賢《かしこ》ぶって小難しい理屈をこねているぶん、タチが悪い。

抽象論ではない大阪の現実の行政においては、広域行政と基礎自治行政とが明確に区分けされているわけじゃない。このような分類は学者の講義上の分類だ。そして大阪市は実際、広域行政もたくさん担っている。ゆえに、府市の現実の政策は色んなところで重なり合っている。特に、**鉄道・高速道路インフラ整備、大規模開発、大規模イベント、災害対策、感染症対策、広域的な医療・福祉・教育行政においては、大阪府庁や大阪市役所の仕事はかなりの割合で重なっている**んだ。

重なりがあるからこそ、「二重行政」がずっと問題にされてきたわけで、大阪都構想賛成派は組織を抜本的に変えてそれを解決しようという論。対する大阪都構想反対派は、大阪府庁と大阪市役所が話し合って解決しようという論。

新聞の社説にあったように、大阪府知事（府庁）と大阪市長（市役所）の仕事や役割がまったく異なるのなら、そもそも大阪都構想の議論なんて起こらなかったよ。

知事と市長の入れ替わり立候補を痛烈に批判していた共産党でも、党内組織の各ポジションを経験させる人事をしている。特に、中国共産党がそうだよね。地方の共産党幹部や省長・市長などを経験した人間が中央に上がっていく。つまり、中国の最高指導部は皆、地方で地方行政を指導した経験がある。このように、**地方の運営経験を活かして、次は国家を運営するという中国の政治行政システムは、ある意味強い。**

日本なんか、地方行政の経験もなく、組織運営すらやったこともない国会議員が急に国家を運営することになるんだから、そりゃ日本の政治行政は無茶苦茶にもなるよ。だから日本の国会議員は、国家運営の権限・責任者というよりも、学者やコメンテーターみたいに口で意見を言うだけになってしまうんだ。ここに日本の政治行政の弱さがあるよね。

企業だってまったく同じ。優秀な人材に、どのような経験をさせて、その経験をどのように活かすかを考えるのが人事の要諦だ。

今回、大阪維新の会が断行した、現職知事が市長に立候補し、現職市長が知事に立候補するという人事は、もし知事・市長の上に人事権者がいたなら、その人事権者は素晴らしい人事をやったと評されるだろう。そして、知事や市長に対する人事権者こそ、「有権者」なんだよね。

大阪の有権者は、大阪の政治行政における最高の人事権者として、知事と市長を選ぶ立場。そうしたら、**大阪府知事経験者が大阪市長になり、大阪市長経験者が大阪府知事になるという人事を断行した大阪の有権者が、どれだけ素晴らしい人事をやったかわかるよね。**もちろん、小西さんの大阪府副知事という経験や柳本さんの大阪市議会議員という経験もそれなりに価値があるけど、松井さんの知事経験や吉村さんの市長経験に勝るものはない。

◎「できる限り長く知事でいたい」人は、大阪で政治はできない

知事経験者が市長をやり、市長経験者が知事をやる。こんな入れ替え選挙ができるのも、常に大阪全体のことを考えている大阪維新の会だからこそだ。

普通は、知事や市長を楽に何期も続けたいものだ。全国の知事や市長村長を見てよ。1期4年の任期を、2期や3期、それどころか4期も5期もやってる人がどれだけ多いか。権限や名誉を得られ、高額の給料に高額の退職金がもらえる地方のトップの地位に就きたい。できる限り長くその地位にいたい。それが普通の感覚だ。

しかし松井さんや、吉村さんはどうか。彼らは普通にやっていたら、次の選挙もその次の選挙もほぼ盤石だよ。しかし、彼らはその地位に居続けたいだけの人たちじゃない。自分の生活のことを考えたら、知事・市長を辞めて民間人に戻ったほうが、よほど楽しく、裕福に生活ができる。でも、そうしない。

彼らは、大阪を豊かにするためには大阪都構想がどうしても必要で、それを実現するためには今回の知事・市長の入れ替わり選挙が必要だと判断した。保身ではなく純粋に大阪の将来のことを考えて、知事・市長のポジションを、大阪を豊かにするための単なる手段と捉えている。彼らのこの覚悟こそが、自分の地位確保が第一と考えている他の知事・市長とは決定的に異なるところなんだよね。

入れ替わり立候補という現象だけを捉えて、薄い批判をしている新聞やコメンテー

ターどもよ、もっと深く考えろよな。元官僚の中野雅至なんて、官僚の世界では大して出世もできなかったくせに、テレビで偉そうに「入れ替わり選挙は有権者の理解を得られない！」と騒いでいたけど、「有権者ってお前一人のことか？」と言いたいね。

そもそも、役人は民意を感じることが不得手だ。むしろ、民意を感じず、法令・制度だけに囚われる人間だからこそ役人向きだとも言える。そこに民意を吹き込むのが政治家の役割だ。**テレビも、役人出身者に民意を語らせるのはそろそろ止めようよ。**役人出身者には法令や制度の解説をさせるべきだ。

案の定、選挙結果は松井さん、吉村さんの圧勝。中野雅至が語った「民意」は大外れだった。

それはさておき、大阪の政治は、もうこういうレベルまできている。東京の中央官僚がポーンとやってきたり、僕のようにテレビに出ていた人間がポーンと立候補したりするような状況じゃなくなった。知名度的には地味でも、府議会議員や市議会議員の経験というものが重視されてきている。松井さんも元は大阪府議会議員、吉村さんも元は大阪市議会議員。敵方も副知事経験者、市議会議員経験者。**大阪では知名度よ**

りも、本質的な能力で候補者が選ばれることが定着してきた。本当にいいことだ。

問題は日本の国会議員だよ。一度でも地方行政を運営してから国会議員になれっていうんだよ。**安倍政権はじめ、日本の政治が地方の活性化に失敗しているのは、国会議員の多くが地方行政を経験していないことが最大の原因だろう。**経験もない連中が、東京の永田町で「地方創生！」と叫んでいる。それに、国会議員が地方における行政運営を経験しないまま国家運営に携わるから、国家運営で躓《つまず》くんだ。こんなことでは、地方行政の経験豊富な中国の指導部に太刀打ちできなくなるのは目に見えているよ。

◎脱・55年体制！大阪の現状こそ「完全なる2大政党制」のモデルだ

僕は、今の大阪の政治状況こそが、これからの日本の政治における2大政党制のモデルになると確信しているし、そうなってほしいと望んでいる。

既存政党VS新興政党。維新の会はもう新興政党とは言えないかもしれないけど、それでも大阪の地域政党として結党してからは10年、国政政党として結党してからは7年ちょっとだ。自民党・公明党・共産党、それに旧民主党の流れを汲む立憲民主党や国民民主党と比べれば、維新の会はまだまだ新興政党だ。そんな結党から10年ほどの政党が、単独で国政においていきなり政権を獲るなんていうのは、大風呂敷を広げ過ぎかもしれない。

だからこそまずは、2大政党の新しい枠組みをしっかりとつくるべきだ。それは、既存の政党VS維新の会のような新興政党、つまり、「どっぷりと政治に関与し、政治から個別に利益を得ていた支援者層に支えられた政党」VS「政治にあまり関与せず、政治からの個別の利益に期待していない支援者層に支えられた政党」という枠組み・対立構造だ。

インテリたちがよく使う「右や左」、「保守やリベラル」という抽象的概念での対立構造ではない。こんな概念は、現実の政治においてはクソの役にも立たない。

だいたい、これだけ複雑多様化した日本の現代社会において、政治グループを与野党のたった2つに分けるなら、有権者は各政党が掲げる個別政策を吟味してどの政党を支持するのかを決めることなんてできないよ。

有権者は「この政策は与党、でもこの政策は野党」となってしまう。自分の考えと完全に合致する政策を100％掲げてくれる政党なんてあり得ない。ここは合うが、ここは合わないとなって当然だ。だからこそ政党を選択するときには、その政党が進もうとしている道、大きな方向性を有権者が予測して、与野党2つの政治グループのうち、「どちらがよりましか」で選択するしかない。

そして、**政党が進もうとしている道、大きな方向性を予測するためには、公約に掲げている個別の政策ではなく、政党の支援者層・支持者層を見るべきだ。**民主政治においては、票を得なければ政治権力を獲得することができない。票を得ようと思えば、各政党は自分たちの支援者層・支持者層に配慮した政治をする。だから、各政党の支援者層・支持者層を見れば、その政党がどういう「こと」・「ところ」に配慮した政治をやるのか、すなわち大きな方向性が見えてくる。

既存の政党は、個別の政策では色々と異なる部分があるだろう。しかし、政党から個別の利益を得ようとする支援者層・支持者層に支えられているところでは共通する。もちろん個別の利益といっても、個人が不正に受け取るものって意味じゃない。業界団体・各種団体・組合組織などが、補助金や自分たちが要望する政策・制度の実現というかたちで政党から利益を受けるのだ。この一点で、自民党から共産党までの既存政党は共通している。

他方、新興政党は、普段は特定の政治グループや特定の団体などに属さず、徒党を組まない支援者層・支持者層に支えられている。その支持層の人たちは普段は普通に生活をしていて、ただ政治家がしっかりと仕事をしてくれることを望むだけで、自分たちの利益のために特定の政党に働きかけることはしない。そういうこともあって、特定の政党を強固に支援するということもない。良い政治をやってくれる政党に、その時々で支援・支持を変える。いわゆる無党派層、ふわっとした民意とも言われる。

既存の政党VS新興政党を支援者層・支持者層で分けると、特定の政党支持層VS無党派層となる。新興政党は、無党派層の票を獲りに行くことを目標とするから、票の獲得が非常に難しいし安定しない。無党派層は求めているものがバラバラだし、無党派層と言うだけあって、常に支援・支持を約束してくれるわけでもない。そして政党側が、一部の特定の層に配慮した政治をやれば、さっと引いていく。

そんな無党派層を摑むポイントを一言で言えば、**「公平・公正の態度」「現世利益よりも未来利益」というところだと思う。**この点、大阪維新の会は無党派層の支持をがっちりと摑むことに今のところ成功している。そして、さらなる無党派層を摑めるかどうかで、自民党に勝ち続けられるかどうかが決まってくる。

今、「安倍自民党が強過ぎる、野党が弱過ぎる」とメディアもインテリたちも嘆いているけど、何言ってんだ！　大阪の状況を見てみろ。

大阪においては、自民党単独では大阪維新の会にかなわないから、自民党から共産党まで、そしてあらゆる団体が手を組んで維新を潰しにかかっている。それに対して、大阪維新の会は単独で真っ向勝負しているんだ。

大阪維新の会は、国政野党のように、誰が見ても弱い野党とは違う。大阪維新の会は、かれこれ10年ほど大阪の政権を維持し、しかもその間、何度となく行われてきた選挙において大阪の自民党を打ち破ってきた。これこそが、今後、日本に構築されるべき2大政党制の姿だろう。

もちろん、大阪維新の会という政治の方向性が全国的に支持されているわけではない。この大阪維新の会の政治の方向性（利益調整廃止・将来世代の利益重視）は、都市部において支援・支持されるものであって、利益調整や高齢者配慮を重視する地方部ではなかなか受け入れられないだろう。そういうこともあって、まだまだ大阪限りになっている。しかし、それは国政政党日本維新の会の力不足が原因であって、大阪維新の会の方向性が間違っているわけじゃない。

他方、維新の会を除く既存の野党は、完全に政治の方向性を見誤っている。今回の大阪ダブル・クロス選挙において、国民民主党も立憲民主党も、あろうことか自民党・公明党のほうに味方した。大阪においては、まさに自民党・公明党の政治の方向性と異なる政治でもって、自民党・公明党をやり込めてきたのが大阪維新の会であり、これこそが野党の模範で既存の野党はそれを学ばなければならないのに、大阪維新の会の敵になったんだ。

このように、**今後の2大政党制の在り方が見えず、大阪維新の会の政治を批判する**

既存の野党に、未来はない。大阪維新の会の政治がなぜ大阪では自民党・公明党に勝利するのか、素直に分析する姿勢と能力が野党になければ、永遠に自民党・公明党には勝てないだろう。勝者を分析する敗者の努力こそが、敗者を勝者に変えるポイントなのに、敗者である野党は、大阪における勝者である維新の会の分析をやろうともしない。

野党は、科学的なマーケティングや勝者分析をすることなく、ひたすらこれまでのやり方で自分たちの道を歩んでいる。自分たちすら変革できない野党に、国の政治行政の変革などできるわけがない。

万年与党の自民党と万年野党の社会党という枠組みが、いわゆる1955年体制（55年体制）というもので、この体制を改めて、政権交代可能な2大政党制を目指そうとしたのが、約25年前。小選挙区制が導入されるも、まだまだ国会議員の意識が抜本的に変わらない。特に野党の国会議員は、有権者の意識の中では旧《ふる》い既存政党の部類に位置付けられていることを認識していない。そして、相も変わらず自分たちに強く要望を働きかけてくる支援者・支持者を大切にした政治をやり続けている。

今、政党支持率の世論調査をやれば、自民党支持率が1強で、それに並ぶか勝るのは支持政党なしという無党派層だ。にもかかわらず、野党はこの無党派層をターゲットにする強い意志と態度を示さず、逆に無党派層に嫌われる政治スタイルを取り続けている。

これからの2大政党制は既存の政党VS新興政党の対立で、支援者層・支持者層は特定の政党を支持する層VS無党派層に分かれていく。**無党派層をずっと摑み続けるというのは至難の業だけど、それをやれるかどうかが野党勝利の試金石だ。**

もちろん、地方部ではまだまだ既存の政党が強い。すなわち、自分たちの利益を特定の政党に働きかける支援者層・支持者層が強いということだ。しかし、都市部では大阪の状況のように、いわゆる無党派層が増えてきている。自分の利益をかなえてもらうために特定の政党を強固に支持する人間よりも、いい政治をやってくれると感じる政党を時々の状況によって支持する無党派層が強くなってきているんだ。

全国的な世論調査でも無党派層が拡大してきていることは明らかで、野党が狙うのはこの無党派層であるはずだ。なのに、地方部の野党国会議員にはこれができない。

どうしても声の大きい既存政党支援・支持型の支援者層・支持者層に配慮してしまい、無党派層を逃してしまっている。

そういう意味では、**これからの日本は地方部を代表する政治と、都市部を代表する政治とに分かれていくだろう**。その萌芽が、今の大阪の政治状況だ。

これは、日本のかたちをどうするかという議論にも直結してくる。地方重視か都市集約型か。自民党は明らかに地方重視・需給調整・既存の秩序維持型だ。だからこそ、自民党に対する野党は都市部重視・需給調整排除・改革型を目指すべきだ。そして、このかたちでの2大政党制を志向するのであれば、地方部と都市部の一票の格差の是正は絶対的に必要不可欠なことだ。今の選挙区割りでは、地方部の有権者が都市部よりも多くの国会議員を選出することができるようになっていて、都市部重視の政党が勝てない仕組みになっている。

国政政党日本維新の会が無党派層に支持される都市型・改革型の野党を目指すのであれば、一票の格差是正を党是にし、そこに政治エネルギーを集中しなければならない。ところが、現状、そのような意思も行動も感じられない。これは、残念ながら日本維新の会にも今後の2大政党制の姿が見えていない証だ。

◎僕が激怒したあの状況、ひどかった「十数年前の大阪」に戻すのか

大阪都構想の是非については、大阪では8年も9年も議論されてきた。**イギリスはEUを離脱するかどうかで大混乱に陥っていたけど、そうならないようにきっちりと手順を踏んできたのが大阪都構想だ。**大阪都構想に関する教科書も何もないところで、自分たちの頭一つで考えてきた。

「住民投票の前に、しっかりと大阪都構想の設計図を作る」

僕の8年間の政治活動は、この目標を達成するためのものだったと言っても過言ではない。他方、イギリスでは、EUからの離脱の設計図を作る前に国民投票をやってしまった。先に感覚的なイエス・ノーを問うてしまったから、現実的に離脱を実行し

ようという段階で問題が噴出したんだ。

大阪都構想のプロセスでは、住民投票で大阪都構想賛成多数となれば、それを実行できる設計図が住民投票前から用意されていた。大阪都構想を実行しようとしたら生じるであろう問題点・課題点については、100%完璧とは言えないまでもすべて対応策を講じて、設計図を完成させていた。その上で、2015年5月17日の住民投票に臨んだんだ。

そういう意味では、**朝日新聞や毎日新聞などが大推奨した、原発の是非を問う住民投票や、在沖縄・普天間飛行場の辺野古移設の是非を問う住民投票は絶対にやってはいけない。**この住民投票によって示された住民意思を実行するための設計図が、何も用意されていないからだ。設計図がなければ、住民投票の結果は放置されるか、イギリスのEU離脱のように大混乱をもたらすだけだ。朝日新聞や毎日新聞は、大阪都構想の住民投票の実施に反対するのに、住民意思が放置される可能性の高い原発や辺野古移設の是非を問う住民投票の実施には大絶賛する。もっと勉強しなさい。

今から**約12年前、僕が大阪府知事に立候補した当時の大阪は本当にひどかった。**そのときの自民党から共産党までの既存政党に、あんたたちはそれまで何をやっていたのかと聞きたいくらいだ。

府政、市政で失敗して、莫大な税金の無駄遣いをしていても、誰も責任を取らない。府の役人、市の役人の給与もボーナスも退職金もそのままで、カットすると言っても雀の涙ほど。議員たちもまったく責任を取らない。議員たちは高額な給与に特別な手当に政務調査費という経費まで懐に入れ、効果が見えない海外視察旅行に明け暮れる。そんな議員の姿を見てか、役人たちも、民間よりもはるかに恵まれた勤務待遇を何食わぬ顔でそのまま享受し、天下りもやりたい放題。知事、市長を応援する各種団体には莫大な補助金がほぼ無条件にばらまかれる。

地下鉄もバスも公務員意識丸出しで、サービス業の意識はまったくなく、市長選挙では自分たちの身分・処遇を守るために、見返りを期待できる市長候補の選挙応援に明け暮れる。そのくせ、地下鉄のトイレも汚いままで、駅の売店は暗く運賃は高い。バスは重複する路線が多く、客ではなく空気を運んで運転手の仕事だけを確保。公立の中学校に給食はなく、小中学校にエアコンも配備されていない。

学力調査テストをやれば全国で最下位。体力調査テストも最下位。それでも教育委員会は、「学力だけがすべてじゃない、大阪の子どもたちには人間力がある」と言い放つ。教育政策には税金がケチられるのに、高齢者向けの地下鉄・バスの無料パスには年間約100億円の税金が投入される。税金で建てた建物・施設が乱立し、府民市民が訪れもしないのに、そこで働く人の給与だけは税金で支払われる。

西成は環境改善が進まず、市内中心部の繁華街も大阪城公園も万博公園も天王寺公園も寂れ感が満載。**数千億円かけた大阪湾岸部の巨大な埋め立て地にはペンペン草が生えて放ったらかし**。その埋め立て地の周囲の街も少子高齢化の波にのまれ、先が見通せない。大阪全体に鉄道ネットワークや、必要な高速道路ネットワークが広がる気配もなく、北陸新幹線の話もリニアモーターカーの話も放ったらかし。海上空港の関西国際空港には飛行機が集まらず、そのまま海に沈むかの衰退ぶり。市内中心部の一等地の大規模開発も先行きがまったくわからない。

こんなひどい大阪なのに、それでも知事や市長を必死に応援する各種団体には多額の補助金がばらまかれ、その人たちだけが満足している。これが十数年前の大阪だ。

僕は、こんな大阪が嫌だった。引っ越そうと思えばいつでも東京に引っ越すこともできたし、自分の生活のことだけを考えれば、嫌な大阪に税金だけ納めれば、あとは楽に暮らしていけた。生活に何の不自由もなかったし、そんなに世間から批判・誹謗・中傷を受けるような立場でもなかった。

それでもこの大阪を何とかしたい。子どもたち、孫たちにもう少しましな大阪を残したい。そういう思いで、とりあえずそのときの生活のすべてを横に置き、政治に人生を懸けてみた。僕のやってきたことは100%完璧ではないし、問題もあっただろう。僕はそんな完璧な人間ではない。それでも前述の大阪の課題を解決するために、絶対に逃げず、絶対に手は抜かず、100%完璧ではないかもしれないが、脳みそに汗をかきながらそれなりの解を出して大阪を前に進めてきたつもりだ。問題の先送りは絶対にしなかった。

だから猛反発も受けた。**自分の命だけでなく、妻や子どもの命まで狙われるようなこともあった。**

住民への説明不足とよく言われたけど、大きな政策を実行するときには、住民説明会には自ら足を運び、大阪都構想のタウンミーティングや街頭演説は1000回や2000回はゆうにやっている。腹の立つメディア相手にも、どの政治家にも負けないほど、インタビューや記者会見に応じてきた。

そして、**政治家をやっている間だけは、カネに関しては完全にクリーンにやったつもりだ。**今は民間に戻ったので、税務調査のときに経費認定をめぐって税務署と見解の相違が出てくることもあるけど、政治家のときには政治資金の使い方をめぐって有権者との見解の相違は絶対に出ないように、完璧すぎるほどのカネの使い方にしたつもりだ。

もちろん知事、市長の給与や退職金もカットし、前任の太田房江知事は2期務めて約8000万円の退職金、周辺の知事も3期や4期やれば1億を超える退職金をもらえるのに、僕はそんなお金はもらえなかった。松井さんも吉村さんも同じだ。逆に、僕は大阪府知事選挙のときには、出馬関連費用として数千万円ほど自分の金を使ったほどだ。

まあ、色々言いたいんだけど、とにかく僕は知事として、市長として全力を尽くし、もちろん役人や大阪維新の会も頑張り、僕の後の松井さん、吉村さんも頑張ってくれた。その結果、現在、大阪の経済指標やその他の指標が徐々に上向きになりつつある。すべての数字が格段に良くなったとは言わないし、すべて自分の成果だと言うつもりもない。それでも、低迷・衰退傾向にあった大阪のさまざまな数字が、今、全体的に上向きになってきているのは歴然たる事実だ。それと同時に、前任の太田房江知事までに約5500億円も財政的に穴を開けて火の車となっていた大阪府の財政状況も好転してきた。

これらはすべて、一部特定の団体や特定の支援者・支持者を意識することなく、大阪全体のために、そして子どもたち孫たちといった将来世代のために政治をやってきた成果だと自負している。**「すべては次世代のために」、それだけの思いでやってきた。**その半面、一部特定の団体や一部特定の府市民がこれまでのように補助金でおいしい思いをすることができなくなり、彼ら彼女らから激しい反発を食らうようになった。

今回のダブル・クロス選挙では、この補助金目当ての一部特定の団体や一部特定の府市民たちが大阪維新の会を潰すために牙を剝《む》いた。彼ら彼女らに特段の配慮をしない大阪維新の会の政治を終わらせて、彼ら彼女らを最大限に配慮する、あの十数年前の大阪政治に戻そうとしてきたんだ。

それだけは勘弁してくれ。そんな大阪にするために、僕は8年間、政治に人生を懸けたんじゃない。

大阪の有権者が松井さんや吉村さん、そして大阪維新の会を圧勝に導いてくれて、本当によかったよ。

【質問7】
橋下さんは、大阪府知事時代、一体どんなことをしてたんですか？

【答え】
大阪都構想を実現させるための法律を制定したり、やり残しはあるけどベストを尽くした

◎重要なのは万人受けするかどうかではなく、実現可能性が高いこと

2019年4月の大阪ダブル・クロス選挙から少し時計の針を戻そう。

僕が大阪で政治をやっていた当時、大阪都構想を実現させるためには法律を制定する必要があった。それに加えて**大阪の政策や改革を進めるためにも、そして地方分権というかたちで国から権限・財源を地方に移すためにも、国政で一定の政治力を持つ必要があった**んだ。

やっぱり日本の国の重要な権限・財源を持っているのは霞が関の中央省庁。明治以来の中央集権体制の表れだ。

だから地方が、本気で「おらが街」を良くしようと思い、自分たちの意思を政治的に実現しようとすれば、最後は、東京の永田町や霞が関、特に霞が関の役人の目をこちらに向かせなければならないんだよね。

大阪は課題が山積していた上に、これまでの大阪の政治力が弱かったせいでビッグプロジェクトが何一つ進んでいなかった。もちろん大阪府庁と大阪市役所が不仲で、両者で合意ができずに停《と》まっていたという理由も大きい。だから、まずは大阪の政治・行政の意思決定を一元化する大阪都構想を実行する法律を制定するために、そして大阪の政策・改革を進めるためにも、大阪は強い政治力を持つ必要があったんだ。

ここで**政治を知らない大前研一が、いつもの知ったかぶりの茶々を入れてきた。**「**橋下は大阪に集中すべき。国政政党なんかつくって余計なことをするから何も実現できていない**」とね。三流評論家は、他人がやっていることをきっちりと確認しない。そして、自分こそが万能の力を持った神だと信じきっている。

まず、たしかに僕は政治家として言ったことを100%は実現できていないかもしれないけど、90%以上は実現したという自負がある。もちろん**大阪都構想や大阪市営地下鉄の民営化など、大きな課題はやり残したので偉そうなことは言えない**（その後、松井さんと吉村さんが、僕がやり残したことをすべて実現してくれた）。でも、橋下は「何も実現していない」と批判する自称インテリたちには徹底して反論しておく。

政治とは、課題を見つけて、その解決策を実行することだ。文句を言うだけ、批判するだけなら誰でもできる。解決策を提示して、それを実行することが政治なんだ。自称インテリや政治評論家の役割は、政治家が提案している解決方法（政策・改革）に問題点があるなら、それを指摘して他の解決策を示すことだ。特に、「実行可能な」解決策を示さなければならない。

政治家だって官僚だってバカじゃない。色々検討しているんだよ。政治・行政の選択肢において100％完璧なものはない。何かしら問題点があるのは事実だ。だけど、その問題点ばかりをあげつらって文句を言っていても仕方がない。その方法がダメなら他にどのような方法があるのか。何か手を打つことと、現状維持で放っておくのはどちらのほうがより「まずい」のか、またはどちらのほうがより「まし」か。ここを評するのが、インテリたちの仕事だよ。

最も重要なのが、実現可能性だ。いくら問題点が少ない、万人受けするような解決策でも、それを実現するには困難な壁があり過ぎていつ実行できるかわからないなら選択できない。その場合には、多少問題点は多くても、できる限り早く課題を解決できる方法を選ぶことも政治だ。ここが、学者をはじめとする自称インテリの口だけ批判とは決定的に異なるところだ。特に**口だけ学者は、実行可能性のところの検証が弱く、実現不可能な綺麗ごと満載の万人受けする方法を叫ぶことが多い。**

◎都構想の青写真がないまま住民投票をやっていたら、どうなったか？

このような視点で見ると、大前研一の提言なんて大阪の役所で検討済みの陳腐な提案ばかりなんだよね。一人の人間のアイデアなんて、たかが知れている。日本の役所で働いている数百人の公務員、そしてそれをサポートする実務がわかる学者や有識者たちが集まって議論すれば、大前研一レベルの提言は必ず検討の俎上に載る。

たまに役人たちが思い付かないようなアイデアを、大前研一のような外部識者が提言するときもある。ただそのようなアイデアも、日本の法制度や財政状況を踏まえて実際に実行しようと思うと、乗り越えなければならない課題が山ほど出てくるんだよね。

そしてだいたいは、そのような課題を乗り越えるのが面倒なので、大前研一が出すような提案はボツになる。**乗り越えるのに困難な壁とは、ほとんどは法律の壁、予算の壁**なんだ。だから大前研一のような、たまにヒットするアイデアを実行しようと思えば、やっぱり大阪における政治力にとどまらず、国政における政治力、すなわち国政政党も持たなければならない。

さらに僕は大阪都構想を掲げた。これを実現するためには法律が必要になる。法律を作るって口では簡単に言えるけど、自分がやりたいことを実現するために新しい法律を作るなんて、ある意味荒唐無稽な発想でもあり、それを本当にやろうと思えば莫大な政治エネルギーが必要になる。だから僕は、国政政党を立ち上げる戦略に出たんだ。

ところが**大前研一は、「国政政党なんか立ち上げずに、いきなり住民投票をやればいいじゃないか」と言ってきた。まったく物事の実行プロセスというものを知らない、というか政治・行政音痴丸出し。**

いきなり住民投票をやったところでどうなる？　大阪都構想の中身も設計図も何も決まっていない、必要な法律も定められていない段階で、大阪都構想に対するイエス・ノーを聞いたところで、その住民投票は無駄になるだけだ。繰り返しになるけど、EUから離脱することを決めたイギリスがそうだよね。離脱した後の青写真がないままに国民投票をやったものだから、大混乱になった。

朝日新聞や毎日新聞をはじめとする原発反対の自称インテリは、「原発の是非について住民投票を実施せよ」と言い続けていた。僕は、そんな住民投票の実施は無意味だと突っぱねた。だって、大阪の住民投票で「原発はノー」となったところで、その後どうなるっていうんだよ。いきなり住民投票を実施しろという意見は、物事の実行プロセスをまったく考えていないから、問題解決につながらない。

大阪都構想の住民投票をやるには、大阪都構想の青写真がどうしても必要になる。しかも、これは自称インテリたちがちょこっとアイデアを述べるような程度では話にならない。複雑多岐で精緻を極める日本の政治・行政システムにおいて、新しい制度を構築しようと思えば、膨大な調整作業が必要になる。現行の政治・行政システムに整合するような制度に仕上げようと思えば、関係各所と目の眩《くら》むような膨大な量の調整をしなければならない。

さらに、大阪といえども、日本国の主権に服する。日本の法律でお墨付きを得なければならないということだ。

ちなみに、**住民投票には6億円の費用がかかる。そんな費用をかけて、意味のない住民投票などできるわけがない。大前研一は、こんなことも知らずに「いきなり住民投票をしろ」「橋下には人間力がない」と公に人格攻撃してきたんだよ。**

◎課題山積の大阪なのに、平松さんは役人のメモを読み上げるだけ!

さらに、**小泉純一郎元首相の秘書をやってたくらいで偉そうなことばかり言う飯島勲もレベルが低すぎる。**「橋下は大阪都構想なんてしょうもないことをする前に、そして大阪維新の会なんて政党をつくってケンカばかりする前に、大阪府議会議員をばっさり削減するようなことからはじめろ」と、読売テレビの「たかじんのそこまで言って委員会NP」で偉そうにしゃべっていた。まあ、司会の辛坊治郎さんから、それをやるにも条例や法律が必要だとたしなめられて、その後の言葉が出ていなかったけどね。

議員の定数削減が必要だなんて、そんなことはわかっている。それじゃあ、ばっさり削減する方法はどうしろっていうんだ？ **飯島は、政治行政の実行プロセスのことなどまったく頭にない。**小泉さんに引っ付いて、偉そうにしていただけだろ？ だいたい、**国会議員の秘書をやっていただけであんなに偉そうにできるのは、田中角栄氏の秘書だった早坂茂三氏と飯島勲くらい**だ。ボスに力があるだけで、自分には何の力もないのに、自分に力があると錯覚しちゃうんだよね。

議員削減なんて口で言うのは簡単だ。それをどう実行するかが政治だ。当時、大阪維新の会など存在せず、議員削減に賛同する府議会議員は過半数に達していなかった。そんな状況で、どうやって議員削減を実行しろっていうんだ？

そういえば、「大阪の政治を変えるには大阪都構想のような制度いじりじゃなくて、今の地方議会の選挙制度を新しいものに作り変えるべきだ」なんてほざいていた学者もいた。

そんなことはすべてわかっているんだよ！　じゃあ、それをどう実行するんだ？　府議会議員の定数を削減するためには、条例を作らなければならない。選挙制度を変えるには、これまた法律を変えなければならない。条例を作るためには府議会で過半数を制しないといけないし、法律を作るためには衆議院、参議院で過半数を制する必要がある。

自民・民主・公明・共産といった既存政党では、府議会議員の定数削減の条例を制定するなんて無理な話だ。だって、自分たちの職をなくすことになるんだからね。府議会議員の定数をばっさり削減するなら、やっぱり新しい政治グループを作って過半数を制するしかない。**「府議会議員の定数を減らせ！」なんてデモをやってもしょうがない**。政治的なアイデアを実現するには、民主政治のルールに従って、政治的権力を得るしかない。

そういや、**飯島勲は地方の財政制度を何も知らないくせに、地方行財政にはど素人の京都大学藤井聡のいい加減な主張を鵜呑みにして、僕を徹底して口汚く批判してきた**。「大阪は橋下のせいで借金が増えた」と。反維新の政党も同じような主張を繰り返していた。僕と大阪市長選で戦った、僕の前任大阪市長の平松邦夫さんもね。

平松さんは、とにかく役人が作ったメモを読み上げていただけの印象だ。さすが元アナウンサーだけに、読み上げるのはうまかったけど（笑）。

僕が大阪府知事のときに、平松大阪市長と、大阪府市の水道事業を一本化する協議をやった。役所同士で話がまとまらないときにこそ政治家でもある知事、市長が政治的妥協で物事を決める。これこそが政治の役割だ。役所はどうしてもこれまでの経緯や、組織の利益を考える。そこを乗り越えた判断をするのが政治なんだよね。

ところが大阪府、大阪市の協議のときに僕の隣に座った**平松さんは、僕が政治的妥協を求めると、役人の書いたメモを読み上げることの繰り返し**。平松さんの横に、これまた偉そうな役人が座っていて、僕が何か言うたびに、資料の切れ端にボールペンで殴《なぐ》り書きをして平松さんに渡す。それを平松さんが読み上げる。「あー、この人とは政治ができないな」と感じた瞬間だった。

平松さんと話をしても、「大阪の伝統を大事にして大阪を輝かせる」「大阪の人の力を大事にする」そんな抽象的なフレーズしか聞けなかった。そして、平松市政のモットーが「一緒にやりまひょ」。大阪には課題が山積しているのに、課題解決の具体的な提案がない。課題をどのように解決していくかの実行プロセスを論じない。平松さんが市長のままでは大阪は再生しない。だから、僕が市長になるしかない、と決断した瞬間だった。

◎難産だった「関西広域連合」、政令市を巻き込むまでの4年間

今では当たり前のようになっている関西広域連合。これも立ち上がりのときは大変だった。最初は大阪府、京都府、滋賀県、和歌山県、兵庫県、徳島県、鳥取県という

府県連合で話が進んでいた。そこに大阪市、京都市、神戸市、堺市といった政令指定都市（大都市）も入るべきだという議論になった。

府県だけで一体的に行政を進めても、大都市が含まれていなければ、肝心なことができない。だから政令市も入るべきだ、という議論が府県サイドから出ていたんだけど、政令市側は拒否していた。その筆頭が大阪市。

これも**大阪市長をやってみてよくわかったんだけど、政令市からすると府県は鬱陶しい存在**なんだよね。政令市は府県なんかなくても自らの力だけで行政をやっていける。それなのに、府県連合の中に入ったら、自らの意思決定権が邪魔される危険がある。府県に偉そうに言われるリスクもある。

そうそう、今のEUのような感じだね。EU加盟各国の意思決定よりもEUの意思決定が優先されるように、各政令市の意思決定よりも府県連合の意思決定のほうが優先されるんじゃないかと懸念されたんだ。しかし、府県サイドからすれば、何としてでも政令市を巻き込みたい。

こんな状況下で、大阪府知事である僕と大阪市長の平松さんは協議した。そしたら平松さんは真顔で、「政令市は、関西広域連合に入ろうと思っても入ることができない」って言うんだよね。だから、平松さんと争った大阪市長選挙において、僕は大阪市が関西広域連合へ加入することも公約に掲げて選挙の争点にした。

選挙戦において平松さんと討論をしても、平松さんは「大阪市は関西広域連合に入ることができない」の一点張り。だから僕は平松さんに教えてあげた。「今の関西広域連合の規約では、広域連合の対象は府県のみになっているけど、規約を変えれば大阪市をはじめ政令市も参加できるんですよ。規約を変えるのが市長や政治家の仕事ですよ」と。

ところが平松さんは「市役所職員に大阪市は関西広域連合に入ることができないと言われた」の一点張り。自分で調べようとしなかったのかな。このように政令市の筆頭である大阪市が関西広域連合への参加を拒否したから、京都市も神戸市も堺市も追随して参加拒否。こんな状態がなんと4年も続いたんだよね。

僕が平松さんを破って大阪市長に当選したときには、関西広域連合への参加を直ちに宣言したよ。すぐに規約を変更して、大阪市も参加できるようにした。そしたら京都市も、神戸市も、堺市も参加表明。**平松さん、大阪市も参加できるでしょ！　参加できるようにルールを変えるのが政治なんですよ！**

そんな平松さんが、僕との市長選挙のときに盛んに主張したのが「大阪市は借金が減っているが大阪府は借金が増えた」という主張。この**大阪府の借金が増えたという主張は、京都大学の藤井氏や、大谷昭宏事務所所属の吉富という自称ジャーナリスト、さらには飯島勲などなど胡散臭いメンバーがみんな唱えていた。**それをそのまま反維新の自民、民主、共産、公明も主張していたね。

１７４１ある地方自治体のうち10程度を除いて、そのほかはすべて国からの交付金に頼っている。これが地方交付税交付金。ところが、国にもお金がなくなってきたので、国から地方に渡していた地方交付税交付金のうち半分はとりあえず地方の借金で賄ってくれということになった。そして、一旦地方が肩代わりした借金の返済分を国が長期的に補塡していく、と。

これを「臨時財政対策債制度」と言うんだけど、全国の自治体は、国からもらうお金の代わりに一旦この臨時財政対策債を発行してお金の工面をした。特に道府県は自らの財政のうち、臨時財政対策債の割合が非常に高い。ゆえに必然、道府県の借金額は増額してしまうんだよね。これは大阪府に限らず、全国の道府県が皆同じ状況。

重要な視点は、形式上は自治体の借金のように見えても、実質的には国の借金である臨時財政対策債を除いた「自治体固有の借金」がどうなったか、ということだ。大阪府のそれは、僕や松井知事のときに減少傾向に持っていった。

臨時財政対策債を含めた表面上の借金額だけを見て、「橋下や維新は借金を増やした」とバカの一つ覚えみたいに言っている連中よ、もう少し勉強しろよな。

そして**もうひとつ重要なことは、僕が知事に就任するまでに大阪府には隠れ借金があった**ということ。これはそれまで総務省も暗黙に認めていたことだ。地方自治体の借金は、だいたい30年後に返済するという長期借入型だ。だけど30年後に一気に返済するとなると、そのときに莫大なお金を用意しなければならなくなり、財政が苦しくなる。だから毎年少しずつ、30年後の返済額を積み立てていく。これが減債基金。借金返済のための積立金だから、ここに手を付けてはいけない。

ところが大阪府は、とにかくお金がなかったものだから、この減債基金に手を付けてしまった。総務省も当初は一時的な基金の取り崩しならOKとしていたけど、僕が大阪府知事選挙に立候補表明する数日前に、朝日新聞が大阪のこの不適切な財政運営を1面トップですっぱ抜いた。それで、借金返済のために積み立てていた約5500億円を全部使ってすっからかんになっていることが明らかになったんだよね。

これは、一時的な取り崩しとはまったく言えない。だって、基金の回復の目処がまったく立っていなかったんだから。とにかく目の前のお金の工面をして、借金返済時のことはそのときに考えればいい、という典型的な問題先送り自転車操業的思考。**僕以前の歴代知事も、歴代幹部も、とにかく自分の任期さえうまくやり過ごすことができればいいという発想だったんだろう。後のことは後の者に任せる、後は野となれ山となれという無責任な財政運営が続いた**結果、僕と小西さんがどれほど苦労したかは、先に述べたとおりだ。

◎8年間の改革でようやく投資の余裕が出てきた大阪府の財政

とはいえ、もしこの約5500億円の基金を使わずに減債基金としてきちんと積み立てたままにしていたら、大阪府は完全にお金が足りずに財政破綻に陥っていただろう。反橋下、反維新の連中はこれまた表面上の数字だけを見て、「橋下が財政を好転させたわけではない」「橋下以前から徐々に赤字は減ってきていた」と言うんだけど、僕以前の府政では、この使ってはいけない減債基金を使って帳尻を合わせていただけなんだ。減債基金を使っていなかったら、とんでもない赤字だった。

当時の大阪府はこの減債基金を使い果たしていたから、さらに借金を重ねなければならない。借金返済のための借金、すなわち「借換債」というものを大量に増発していた。まさに、破産する人が陥る泥沼状態だったんだ。

反橋下、反維新の連中は、松井府政になってから大阪府が起債許可団体（大阪府債を発行するのに国の許可が必要になるということ。すなわち財政状況に黄信号が灯ること）になったことをもって、橋下・松井府政は大阪府の財政を悪化させたと叫び続けていた。

バカ言ってんじゃないよ。大阪府が起債許可団体になったのは、僕以前の府政によるでたらめな財政運営のツケが僕や松井さんのときにドカンとやってきて、大阪府の実質公債費比率（収入に占める借金返済費の割合）が上がってしまった結果なんだ。

特に**僕以前の府政では、借金の返済方法（減債基金への積立方法）にも悪知恵の細工をしていた。最初の数年は、基金への積み立てをしない。できる限り後のほうで積み立てをするようにする。そのぶん、今使えるお金を増やす。**ほんと最悪な財政運営だった。

こういうことの積み重ねが、僕や松井さんが知事のときに爆発して、起債許可団体になってしまった。それでも僕らが財政再建に取り組んだので、今では起債許可団体から抜け出した。

こんな最悪の財政状況から抜け出すために、まずは毎年数百億円にも及んだ減債基金の取り崩しをストップ。まあ、もう底をついていて、取り崩すことができる状況ではなかったんだけどね。それと、借金返済のための借換債の増発もストップ。退職金の支払いも退職手当債という府債を発行して対応していたから、それもストップ。そして、使い切った減債基金を復元するために基金の積み立てをやっていく。これが僕が知事に就任していきなり大ナタを振るった財政再建策だ。懐かしいね。

僕の後の松井さん、そして吉村さんが財政再建策を継続してくれた結果、取り崩してしまった約5500億円の減債基金は順調に回復し続けている。すぐに元に戻すからという安易な気持ちで基金を取り崩してしまうと、泥沼にはまっていく。借金が増えた原因を抜本的に改革することなく、安易な方法を採ると必ずドツボにハマる。しんどいけれども、やはり血の滲むような改革が必要になる。

さらに実質的には国の借金である臨時財政対策債を除いた大阪府固有の借金も、確実に減ってきている。2008年当時は減債基金の取り崩しを黙認していた総務省も、今では禁じるようになった。

このように、大阪府の財政についてやっと展望が見えてきた。それで松井さんや吉村さんは、教育政策や交通インフラへの投資に積極的にお金を回すようになったんだ。

こういう状況もしっかりと検証せずに、橋下は借金を増やした！　橋下は大阪府を起債許可団体にした！　と大騒ぎした自称インテリたちにはほんと腹が立つよ。そして、メディアもそのようなことを垂れ流しにしているんだから、ほんと日本の政治評論のレベルが低過ぎるよな。

【質問8】「大阪都構想」の土台はどのようにつくられたのでしょうか？

【答え】
各党のみなさんの
協力によって
「大阪都構想法案」が議会を
通過した。勝負はこれからだ

◎渡辺さん、菅さん、前原さん。与野党の議員が味方してくれた「都構想」

大阪都構想は大阪の話ではあるけど、国の法律のお墨付きがないと進めることはできない。にもかかわらず、当初僕らには国政に対して何の政治力もない状態で、法律を作る力などなかった。そこで、あの手この手で国民の支持をとにかく集め、それを国政にぶつけるという戦法を取った。これをポピュリズムだと批判するのは簡単だが、じゃあ国政を動かすのに他にどんな方法があったんだよ。

民主政治においては、国民の多数の支持を取り付けて自分の政治的思いを実現しなければならない。力ずくや暴力で自分の思いを実現することはご法度だし、国民多数の支持を得ているかどうかはっきりしないデモで自分の思いを実現することもご法度だ。あくまでも、民主主義のルールに基づいて選挙を通じて実現していくしかない。

それにもかかわらず、**国民の多数の支持を取り付ける行為自体をポピュリズムと批**

判するなら、民主政治は成り立たない。

重要なことは、国民多数の支持を取り付け、それによって得た政治力で何を実現するかということ、つまり「目的」だ。国民多数の支持を取り付けることはあくまでも手段に過ぎず、もし「目的」がおかしなものであれば、次の選挙で落とされる。

たとえば、自らの地位を守ることや自らの利益を得ること、あるいは不祥事を隠すことなどが目的であれば、そんな政治は許されない。民主政治においては、そんな目的のために有権者の支持を取り付けようとする政治家に対して、有権者は選挙を通じて鉄槌《てっつい》をくらわすことができる。

もっとも、民主政治が成熟していない国においては、権力者が武力や権力でもって不正な選挙を行い、有権者が選挙を通じて権力者を交代させることができないこともある。そのような国では、選挙を絶対視することは危険だ。このような国においては、まさに「選挙がすべてではない!」という主張も成立しうるだろう。

しかし、日本はそんな国ではない。報道の自由のもとに、公正に選挙が行われる。政治的思いを実現する方法として、選挙が最大限重視される国だ。

国民多数の支持を取り付け、政治的な権力を得た上で、次の選挙で交代させられない範囲で自らの政治的思いを実現していく。これが日本における民主政治だ。**自称インテリやコメンテーターのように、口で言うだけでは自分の思いは何一つ実現しない。**

だから僕は選挙を通じて国会議員を増やすために国政政党をつくり、一定の政治交渉力を得た上で、既存の政党と大阪都構想を実現するための法律を作る交渉をした。当時は民主党政権の時代。まっさきにこの話に乗ってくれたのが、みんなの党（当時）の渡辺喜美さん、野党だった自民党の菅義偉さん（現・内閣官房長官）、民主党では前原誠司さんと、逢坂誠二さんだった。

法律を作るというのは、単純な政治闘争、政治的駆け引きだけではなく、専門的技術の世界、職人の世界でもある。これは実務から離れた大学の中だけで生きているそこら辺の学者にはわからない世界だね。

ポイントは、いかに大阪側の意思「だけ」で、大阪都構想を実行できる法律にするかということ。国から干渉される余地を大きくしてしまうと、国からチャチャが入って話が進まなくなる。大阪都構想は大阪の政治・行政の仕組みを変える話だから、できる限り大阪の意思だけで進められることが望ましい。

もちろん日本の法律である以上、日本全国に適用される一般的なかたちをとらなければならない。結果として、大阪都構想を実行する法律は、大阪に限らず一定の要件を満たした大都市にも適用される法律となった。つまり、大阪以外の大都市でも都構想を実行できる法律だ。もし大阪だけに適用される法律となると、法律を作る段階で憲法95条に基づく住民投票が必要になってくるので、それを避けるために、かたちの上では大阪以外の大都市にも使える法律にした。

そして、大阪都構想は府庁と市役所という行政組織を合体させる行政の仕組みを変える話である以上、国の行政の仕組みとの整合性を精緻に図らなければならない。

その際に国と調整するにしても、どの事項をどのように調整するのかが重要なポイントになる。調整事項が多くなれば国が口出しできる範囲が広がり、調整事項が少なくなれば大阪側の主導権が強くなる。共産党を除く各党からそれぞれ議員立法として大阪都構想を実行する法案（正式には「大都市地域における特別区の設置に関する法律案」）が出されたけれど、第1段階の攻防はこの国との調整事項の範囲をどうするかだった。

そして**この調整事項について、地方行政を所管する総務大臣が「同意権」を持つかどうかが最後の焦点となった。**霞が関の省庁の意見を代弁する既存の国政政党は、総務大臣の同意権を強調する。しかし、総務大臣の同意権など定められたら、総務大臣の胸先三寸になってしまう。こちらは大阪側の意思だけでできる限り進めていきたいので、総務大臣の同意権はなんとか避けたい。この点について、各政党と、そのときは国会議員がゼロの維新の会との激しい攻防になった。

そして最終的には、総務大臣の同意は不要で、総務大臣との協議をきちんと行えばいいという法律のかたちで各党と合意することができた。後に述べるけど、この点が、大阪都構想の住民投票にまでこぎつけられた最大のポイントになったんだよね。抽象論ばかりではなく、こういう実務的・技術的なところを京大の藤井みたいな学者はしっかり勉強しろっていうんだよ。

◎政治家は、政策を実行してなんぼだ

このように「総務大臣と協議をきっちり行うだけでいい」という法律にしたのは、僕が専門家のアドバイスを受けたからなんだけど、このような実務的なアドバイスをできる学者は日本にはほとんどいないね。**日本の学者は皆、抽象論しか語ることができない。**このときに僕にアドバイスをしてくれた専門家とは、霞が関の官僚をやって、今は民間人として政策アドバイザーの職に就いている人だった。

このような行政の専門家が日本にはもっともっと必要だ。日本には抽象的で実現不可能な「言いっ放し」のコメント・意見しかできない学者が多すぎる。彼ら彼女らは実際の政治・行政を経験したことがなく、大学の中で本を読み、主に学生や学者と話をし、あとは学者同士の評価しか受けない論文を書くことに終始する。そんな学者には、政治・行政を動かすツボを心得ている人間はほとんどいない。

この点では、**アメリカは非常に優れているよね。政治・行政の世界と学問の世界を**

行ったり来たりする人材が豊富だ。システムとしてもきっちりと確立されている。こういう社会にならないと、日本の政治・行政は強く良いものにはならないだろう。

大阪都構想を実行する法律を作るときには、さっき述べた各政党の皆さんが中心になって一生懸命尽力して、法律を成立させてくれた。本当にありがたかった。衆議院・参議院において行われたこの法律の採決を国会中継で見ていて、どばっと議員が起立したときには、今回（２０１９年）の大阪ダブル・クロス選の結果を見たときと同じで、なんとも言えない感慨深い気持ちになったよ（「大阪都構想法」は２０１２年８月29日成立）。

メディアや自称インテリ、そういや大谷昭宏なんか、大阪都構想の法律なんて絶対に成立しないと言い続けていたけど、そういう言いっ放し、口だけの自称インテリと政治家はまったく異なる。**政治家は実行してなんぼ。**そして、実行する上で目の前に立ちはだかる壁をどのように超えていくかに己のありったけの知恵とエネルギーを注ぎ込む。これが政治家だ。

こんな偉そうなことを言っている僕だけど、テレビ朝日系の「橋下×羽鳥の番組」で、若い古谷経衡さんというゲストが来たとき「僕も歳をとったな」と感じることがあった。古谷さんはそのとき、在沖縄米軍即時撤退という主張を僕にぶつけてきた。それに対して僕は、つい「できない理由」ばかりを並べてしまったんだ。

そうしたら古谷さんが「**橋下さんはできない理由を並べているだけだ。大阪都構想のときにはできない、できないと言われていたことを進めたじゃないか**」と反論してきた。

ほんとその通りだね。彼との議論の締めで「僕も歳いったからエネルギーがなくなっちゃった。米軍即時撤退とか莫大な政治エネルギーが必要なことは、彼みたいな若い人でやってもらわないとね」と思わず言っちゃったよ。

◎改革を進めるには「劇場型」の政治だって必要だ！

大阪都構想法は、２０１２年8月29日に成立した。各党国会議員の皆さんが成立させてくれて、これは感謝、感謝なんだけど、大阪からお願いしただけで国会議員がすべてこちらの思う通りにやってくれる、なんて甘いもんじゃない。

もちろん、**みんなの党（当時）の渡辺喜美さん、当時は野党だった自民党の菅義偉さん、民主党の前原誠司さん、逢坂誠二さんは、地方分権に力を入れていた政治家なので、大阪発の動きという意味で地方分権そのものでもある大阪都構想法の成立に特に力を注いでくれた。**でも、彼ら個人だけの賛成票では法律は成立しない。最後、既存の政党が、政党として賛成に回ってくれたのは、そのときの維新の会の政治的な力も大きく影響したと思う。

結局、お願いだけじゃダメなんだよね。政治力を持っていないとね。沖縄が基地問題で自らの意思を実行できないのは、政治力が足りないからだ。厳しいようだけど、これが政治の現実なんだ。理想論や口だけでは政治は動かない。

あのとき維新の会は、大阪での一地域政党だった。大阪府知事、大阪市長は維新の会。府議会は過半数。大阪市議会はかなり優位な第一党。堺市議会はギリギリの第一党。加えて、その他地方議員が少し、という状態だった。そして国会議員はゼロ。

こんな状態で、永田町の国会議員や霞が関の官僚の目を大阪に向けさせて、大阪都構想法案の採決において衆参の国会議員の過半数に賛成起立してもらわなければならない。口で言うのは簡単だけど、これをやるのはほんと大変だったよ。

2010年に大阪維新の会を結成して組織も金もない中、わずか1年後に統一地方選挙や知事・市長選で既存の政党とガチンコで戦うことも大変だったけど、さらに次のステップとして永田町・霞が関を動かすのはもっと大変だった。**単なるデモや陳情じゃ永田町・霞が関は動かない**。ましてや、自称インテリのように自分の主張を口で述べるだけでは永田町・霞が関は微動だにしない。やっぱり、有権者の支持を背景とした選挙を通じた政治力が肝なんだよね。

国会議員ゼロの状態ではあったけど、大阪維新の会での統一地方選挙の勝利、大阪府知事・大阪市長のダブル選挙の勝利の勢いに乗って、今後は全国に国会議員候補者を立てるとぶち上げた。そして、改革姿勢を徹底的に示して全国の有権者の支持を摑みにいった。組織も金も何もないのだから、魂を込めたメッセージをメディアに乗っけて全国の有権者の共感を得ることにすべてを懸けた。

全国の有権者に関心を持ってもらうには、劇場型と言われようがエンターテインメント性をまとった政治状況を作ることも必要になる。これを自称インテリはポピュリズムと批判するけど、じゃあ組織も金もない中で、国政に対して政治力を持って自らの政治的思いを実現するのに他にどんな方法があるのか。

口を開けばポピュリズムしか言わない京都大学の藤井なんかは、口ばっかりで自ら実行することなどまったく考えていない。だから、政治力を持つ方法についてはノーアイデア。批判はするけど実行する案については何も持ち合わせていない。まあ彼は権力の犬だから、自民党の二階俊博や西田昌司（京都選出の参議院議員）にへばりついてモニョモニョ言って、内閣官房参与の地位に就いていることで満足なんだろう（その後参与辞任）。

僕は藤井のような口だけ人生はまっぴらごめんなので、民主政治のルールの中で政治力を獲得しながら、自らの政治的思いを実現する道を選択した。それがポピュリズムでダメだと言うなら、他の方法を教えてくれよな。

今は少し勢いがなくなってしまったけど、「東京大改革」を合言葉に都議会議員選挙に乗り出した小池百合子都知事も、（スケールは違うけど）トランプのおっちゃんも、同じ匂いがするね。とにかく政治力を持って実行することにこだわる。もちろん、僕も小池さんも、トランプのおっちゃんも神様じゃないんだから、その判断が常に絶対的に正しいわけじゃない。

それでも民主政治において自分の政治的な思いを実現するためには、多くの有権者の支持を得る必要がある。それも既存政党の力を借りないとなれば、ポピュリズムという批判を受けてでも、改革姿勢に対する期待感や変化を起こす期待感を最大限に膨らませて有権者からの強烈な支持を得なければならない。

その後、有権者の支持を得て政治力を持ったその政治家が、有権者のためになる正しい政治をするかどうかは、これはメディアや有権者にチェックしてもらうしかない。権力分立の国なら、議会や裁判所もチェックをする。

保身や自分の利益のため、自分の不祥事を隠すためなどの政治はご法度だ。そこをきちんとチェックする重要な役割を担うのがメディアや自称インテリだ。ゆえに彼ら彼女らは、抽象的なフレーズやレッテル貼りで政治家を批判・中傷・誹謗するのではなく、その政治家がやろうとしている政策・改革の中身をしっかりとチェックして批判しなければならない。

◎「同意」と「協議」は違う！ 都構想法案の文言の細部が住民投票への道を開いた

再度、大阪都構想法の話に戻すと、結局、大阪は国・総務大臣としっかり「協議」をすればいいという法律になり、国・総務大臣の同意権までは定めなかった。たとえ協議であっても、それが決裂になると「事実上」その後のプロセスは進まなくなるけど、それでも協議は同意とは明らかに違うんだよね。

同意の場合には、同意をもらえない限り「法律上」その後のプロセスが進まない。ところが協議の場合には、協議が決裂しても「事実上」プロセスが進まない可能性はあるが、法律上はプロセスが進む。これは決定的な違いだ。

すなわち協議の場合には、国・総務大臣との協議が決裂しても、とりあえず住民投票までは実施できる。そして住民投票で賛成を得れば、その結果を突き付けて、さらに国・総務大臣と協議ができる。しかし同意の場合には、国・総務大臣の同意が得られない限り、次の住民投票には進めない。同意だと、こちらはやることはすべてやっても最後は国・総務大臣が「うん」と言ってもらうしかない。しかし協議だと、こちらがやることをすべてやれば法律上は次に進める。政治行政におけるこの違いを的確に理解している学者は、日本にはほぼいないだろう。

実際、大阪都構想を巡って、大阪においては維新の会と大阪自民党がガチンコで政治闘争を繰り広げていた。選挙のときはもちろん、府議会・市議会の審議においても、維新の会と大阪自民党はガチンコ対立。大阪自民党は、永田町・霞が関に足しげく通って、大阪都構想のプロセスを止めるように自民党本部に陳情していた。

大阪都構想を進めるために、大阪府庁・大阪市役所に設置した大都市局という局の職員が霞が関の省庁と調整事項を協議するのに全力を尽くしていたとき、反維新、反都構想の大阪自民党は都構想が進まないように全力を尽くしていた。

大阪都構想と口で言うのは簡単だけど、その中身になると、国の法体系・法制度と整合性を持たせるために国との膨大な調整作業が必要になる。それをすべて完了させたのが大阪都構想の設計図、いわゆる「協定書」なんだ。

そしてその調整作業を完了させるのに一番威力を発揮したのが、大阪都構想を実行する法律の文言だった。「国・総務大臣と協議をしなさい」となっていて、「国・総務大臣の同意を得なさい」とはなっていない。おかげで、どれだけ大阪の自民党が永田町・霞が関に通っても、大阪都構想のプロセスを止めることはできなかった。永田町・霞が関はプロセスを止める権利を持っていなかったからね。

もしあそこで「国・総務大臣の同意が必要」となっていたら、プロセスを止められていた可能性が高い。同意するかどうかなんて、胸先三寸で決められるからね。

ところが、国・総務大臣の同意は法律上不要だったので、「協議」は粛々と進んでいった。霞が関の役人も勝算のない戦いは仕掛けてこない。だって、協議をわざと遅らせたところで、いざとなればこちらは「法律上」住民投票に進むことができるんだからね。

神は細部に宿るというけど、改革の成否も細部に宿る。この「同意」と「協議」の違いに直面したときには、ほんとこの言葉が身に染みたよ。ちょっとした文言の定め方の違いによって、物事の進み方が大きく変わってくる好事例だ。

◎「説明が足りない」と政治家を批判するのはメディアの役割放棄だ！

それで、この大阪都構想の設計図・協定書だけど、行政の専門家である官僚たちが専門的知識を駆使して作り上げたもので、これは行政・役所の仕組みを精緻に規定した膨大な文書だ。協定書自体はかなりシンプルだけど、それを裏付ける資料は膨大な量になっている。大阪府庁と大阪市役所という巨大な役所を一つにして、その組織が動くための文書だから当然だ。

大阪都構想について有権者に対する説明が足りないと僕は散々批判を受けたけど、

こんな膨大な資料を僕一人が、それも大阪市の有権者220万人にすべてを説明できるわけがない。

これをきちんと説明するのはメディアの役割だ。何のために記者会見があって、何のためにぶら下がり（正式な記者会見ではない質疑応答）があるのか。そして、何のためにメディアは政治家に質問ができるある種の特権を有するのか。それはすべて有権者に情報を提供するためなんだよね。

新聞社や通信社、放送局の記者は有権者代表。だからこそ有権者の気持ちになって、有権者がわからないであろうところを質問し、有権者に情報を提供する義務がある。大阪都構想の設計図・協定書や、付属資料の1ページ目からめくる説明を有権者は必要としていないだろうし、そんなところまで有権者が知る必要もない。

有権者は、自分の居住地の役所の仕組み（権限や財源配分）や、国の役所（霞が関）の仕組みを完璧に理解しなくても、普通に生活できている。それなのに新しい役所の仕組みである大阪都構想の話になると急に、「大阪都構想という役所の仕組みを一から完璧に説明せよ。その程度では説明が足りない」となってしまう。

これはおかしい。有権者が知っておかなければならない範囲、知りたいと思っている範囲には自ずと限界があるはずだ。専門家レベルが知っていることを有権者がすべて知らなければならないわけじゃない。

大阪都構想について有権者が知るべき範囲・レベルは、現在の大阪府庁・大阪市役所に関して知っている範囲・レベルと同じくらいのもので十分だ。有権者は現在の大阪府庁や大阪市役所の複雑な仕組みを、どのレベルまで理解しているのか。それと同レベルの基準ということであれば、**新しい役所の仕組みである大阪都構想については、有権者はどこまで理解すべきなのか。この範囲を探り、大阪都構想についての的確な情報を有権者に提供するのが、まさにメディアの役割だ。**

有権者が知りたいと思っているところ、知っておくべきところを記者が僕に質問をする。そして僕が答えて、メディアが有権者に情報提供する。さらに疑問が生じれば記者が有権者の視点で僕に質問し、僕が有権者に説明していることを意識して記者に説明する。

このキャッチボールによって政治と有権者がつながる。これを実現するのがまさにメディア（媒体）だ。

ところが**大阪のメディアは、「大阪都構想はわからない」「橋下は説明不足だ」というコメントに終始した。**テレビの情報番組に出てくるコメンテーターも、わからない、わからないのオンパレード。挙句の果てには、「大阪市民の7割は大阪都構想についてよくわからないと感じている」という世論調査の結果を発表する始末。

おいおい、ちょっと待てよ。僕は、記者には質問のチャンスを時間無制限に与えて、質問のすべてに答えてきた。それも、大阪都構想を提唱してから住民投票までの間の5年という長きにわたってね。メディア側は、それだけの機会を与えられたんだったら、有権者の視点に立って徹底的に僕に質問をし、そして有権者に情報提供すべきだった。

有権者がわからないと記者が感じているなら、その部分をすくい取って、政治家に質問をぶつけるのがメディアの役割だ。つまり、有権者がわからないという状況を解消するのがメディアの責務だ。メディアが有権者と同じように、わからない、わからないと言っていてどうする！

メディアや自称インテリが大阪都構想に賛成する必要はない。反対なら反対でいい。

しかし、有権者がわからないという状況を解消するところまでは、メディアがきっちりと有権者に説明しなければならない。大阪都構想の説明責任は、第一次的には僕にあったけど、メディアも同等に説明責任を負うことを自覚しなければならなかった。**世論調査において、「大阪都構想についてわからない」「説明不足」という有権者の声が多いなら、それはもちろん第一次的には僕の責任ではあるが、メディアの責任も大きい。**今回の大阪ダブル・クロス選でも、メディアや自称インテリは大阪都構想の説明が足りないという批判を展開していたけど、いい加減、メディアも成長しろっていうんだよ。

次の大阪での住民投票はどのように報道されるのか。

僕はメディアの成長に期待している。

◎おわりに

2020年7月○日、読売新聞大阪版において、大々的に大阪都構想の解説記事が掲載された。そして、本書で繰り返し説明してきた新しい行政の仕組み（特別区4区）についての一通りの説明のあと、記者の問題意識も強調されていた。

「財政はどうなるのか？」
「住民サービスがどうなるのか？」

どうしてそうなるのかな。記者たちの問題意識は、相も変わらずこの2点に集中している。

本書を読んでくれた皆さんは、この2点が「重要な問題ではないこと」を十分理解してくれていると思う。この2点は、現在の大阪府・大阪市体制と大阪都構想の「比較」で、その「差」について論じなければ意味がない。大阪都構想の問題点ばかりを挙げ連ねても仕方がないんだ。

記者たちの問いに一応僕から回答しておくと、財政については、基本的に現在の大阪府・大阪市体制と大阪都構想の間に差はない。

そりゃそうだ。税収や国からの交付金などの「必ず保障されるお金」は、現在の大阪府・大阪市体制で得られるものをそのまま大阪都構想に利用するのだから、変わりようがない。逆に、大阪都構想の財政が危ないと感じるなら、それは現在の大阪府・大阪市体制のままでも危ないということになる。

最近の大阪都構想に対する批判的意見の中には「今後、コロナの影響で税収が減ってしまうのではないか」というものもあるが、それは現在の大阪府・大阪市体制だって同じことだ。

「保障されるお金や税収減は、現在の大阪府・大阪市体制と大阪都構想で変わりはない」という一点だけ押さえておけばいいことなのに。なんでこんな批判が出るのか理解に苦しむよ。

結局僕が言いたいのは、大阪都構想になったときの財政をシミュレーションして、あーでもない、こーでもないと議論するのは不毛だということだ。

逆に、大阪都構想が実現すれば、府市が一体となって大阪の成長戦略を進めることによって大阪の経済発展が期待できる。現在の大阪府・市体制よりも税収が増える可能性があるということだ。この「可能性」に賭けるのが大阪都構想だ。

保障されるお金や税収減は、現在の大阪府・市体制と大阪都構想の間に差はない。違いは、大阪発展の可能性なんだ。

もちろん、厳密に言えば大阪都構想が実現すれば、新しい庁舎費用やシステム費用、職員が増えることによる人件費など、年間20億円ほどの追加出費がある。しかし、現在の大阪府・大阪市体制でも何かの設備・施設を新設したり更新したりするわけだし、職員数についても必要な職員は増員する。大阪都構想の場合だけ費用が増加するわけじゃない。

また、特別区4区合わせて年間1兆円を超える予算規模の中では、年間数十億円の増加くらい、通常の予算編成の中でいくらでも調整できるし、そもそも大阪が発展すれば年間20億円の税収増なんて簡単に見込める。

つまり、大阪都構想は「年間20億円ほどの投資をして、大阪の発展を目指すかどうか」の話なんだ。反対派は「そんなのは無駄遣いだ！」と言うが、必要になるお金の額ばかりを見ていると全体の判断を誤ってしまう、というのが僕の考えだ。そのお金をかけることに、よってどのような「可能性」があるのかを見なければならない。

しかし、その「可能性」はどの程度のものなのか、どれほどの裏付けがあるのかという確率論ばかりを議論するのも、これまた無意味なことだ。可能性とはどこまで突き詰めても「可能性」だ。必ず実現できる保証はない。最後は、その可能性にチャレンジするかどうかという「気持ち」の問題である。

住民サービスについても同じことが言える。

現在の大阪府・市体制と大阪都構想との間に保障されるお金の差はないのだから、大阪都構想になっても現在の住民サービスは維持される。今回の大阪都構想の制度案（協定書）には、「大阪都構想のスタート時には現在の住民サービスが維持される」ということが明記されたほどだ。

その後、特別区長が選挙で選ばれれば、区長によって独自の住民サービスが行われるのだが、ソレに対して「住民サービスが削られる可能性がある！」と叫ぶ反対派に対してはここで反論したい。それは、現在の大阪府・市体制においても、同じだよ。いつだって、知事・市長の意向によって住民サービスが変更される可能性はある。

それよりも重要なことは、「大阪都構想によって府市が一体になれば大阪の発展が実現でき、税収が増える可能性がある」「税収が増えれば住民サービスは向上する」ということだ。繰り返しになるが、この可能性に賭けるのが大阪都構想なんだ。

要するに、大阪都構想において財政がどうなるのか、住民サービスがどうなるのか、という問題意識は大いにズレている。いまだに読売新聞を筆頭とするメディアや学者たちは騒ぎ立てているけど、論点のズレた問題意識は大阪都構想の本質を見誤らせる害悪でしかないよ。

しかし、2020年7月の日経新聞では朗報があった。日経新聞の世論調査によると、大阪都構想の賛成者の賛成理由のうち、1番は「二重行政の解消」で、なんと2番目に「府市の意思決定のスピード」があがっていたんだ。

二重行政の解消は、2010年から僕がずっと言い続けてきたことだ。「府市が一つになれば二重行政がなくなる」というのは、わかりやすいメリットでもある。

驚いたのは、「府市の意思決定のスピード」だ。これこそまさに統治機構改革だ。でも、普通こんなことを市民が意識するだろうか。

２０１０年からはじめた大阪都構想運動はかれこれ10年になる。その間、振り返れば激動の10年だった。

何度選挙をやったのだろう。何度住民説明会を開いたのだろう。何度街頭演説をやったのだろう。何度テレビ討論をやったのだろう。

メディアには連日批判され、記者会見などでそれに反論し続けた。体力的にも精神的にもふらふらになりながら大阪中を走り回り、大阪都構想を訴えかけた。住民説明会は1回2時間、街頭演説も1か所2時間。

頭の上に雪が積もりながら説明し続けたし、炎天下、身体中から汗が吹き出し、目に汗が入って目が開けられない状態でも説明し続けた。家に帰れば、身体の筋肉が極度にこわばって、ダンゴムシのような状態で動けなくなるほどの日々だった。ストレスからか身体中に蕁麻疹が出て、無意識に掻きむしっていたら、いつの間にやらシャツが血だらけになっていたこともあった。

これは僕だけじゃない。松井さんや吉村さん、そして大阪維新の会のメンバー、大阪府市の担当職員も同じような状況だ。みんな、執念で住民に説明し続けたのだ。

「大阪府市一体で行政をやれば、大阪は発展する」

「府市一体の意思決定が重要だ」

政治家の執念のエネルギーは有権者に必ず伝わる。

普通なら、市民が気にするのは「自分たちが受けられる住民サービスがよくなるのか」ということだけだろう。しかし今、大阪市民は、大阪都構想の財政や住民サービスを第一には考えていない。

今の大阪市民は、目の前の住民サービスよりも、大阪府市の意思決定の在り方を考えてくれている。こんなことを考える市民は、日本広しと言えども大阪市民くらいだろう。

本当に政治家をやってよかった。大阪都構想運動をやってきてよかった。僕は、もういつ死んでもいいや、と勝手に人生を完全燃焼した気持ちでいる。

僕は、2015年5月17日の住民投票で敗北した。

松井さん、吉村さん、大阪維新の会のメンバーには、来るべき大阪都構想の住民投票の再挑戦において、「賛成多数の可決」という輝かしい歴史をつくってほしい。

2020年9月　橋下徹

橋下徹（はしもと・とおる）

1969年6月29日	誕生
1988年3月	大阪府立北野高等学校卒業
1994年	早稲田大学政治経済学部卒業・司法試験合格
1997年	弁護士登録。翌年、大阪市北区で橋下綜合弁護士事務所を設立し、独立
2003年4月	『行列のできる法律相談所』にレギュラー出演開始
2008年1月27日	大阪府知事選。183万2857票を獲得し、圧勝
2008年2月6日	大阪府知事就任。38歳での就任は当時全国最年少
2009年	世界経済フォーラム（ダボス会議）のYoung Global Leadersの1人に選出
2010年4月19日	大阪維新の会創設
2011年11月27日	大阪市長選。20万票以上の大差をつけて勝利。 40年ぶりに市長選で投票率が60％を超える
2011年12月19日	大阪市長就任
2012年9月28日	日本維新の会設立。その後、日本創新党、太陽の党が合流
2014年3月23日	大阪都構想を焦点とした出直し選挙で勝利
2014年8月1日	維新の党創設
2015年5月17日	大阪都構想の賛否を問う住民投票。得票率差1％未満で否決される
2015年12月18日	任期満了で大阪市長を退任。政界引退。現在に至る

大阪都構想&万博の表とウラ全部話そう

2020年10月2日　第1刷発行

著者　橋下徹

発行者　長坂嘉昭
発行所　株式会社プレジデント社
〒102-8641
東京都千代田区平河町2-16-1　平河町森タワー13階
https://www.president.co.jp
https://presidentstore.jp
電話　編集(03)3237-3732　販売(03)3237-3731
編集　大高志帆　面澤淳市　小倉健一
販売　桂木栄一　高橋 徹　川井田美景　森田 巌
末吉秀樹　神田泰宏　花坂 稔
撮影　市来朋久
制作　佐藤隆司(凸版印刷)
装丁　ニルソンデザイン事務所
印刷・製本　凸版印刷株式会社

 ISBN 978-4-8334-5147-5
Printed in Japan